Material zur Angewandten Geographie, Band 32

Städtenetze – Raumordnerisches Handlungsinstrument mit Zukunft?

Verlag Irene Kuron
Bonn

Material zur Angewandten Geographie, Band 32

Rainer Danielzyk
Axel Priebs (Hrsg.)

Städtenetze – Raumordnerisches Handlungsinstrument mit Zukunft?

herausgegeben im Auftrag des
Deutschen Verbandes für Angewandte Geographie

Bonn 1996

Verlag Irene Kuron
Bonn

Die Deutsche Bibliothek – CIP-Einheitsaufnahme

Städtenetze ; raumordnungspolitisches Handlungsinstrument mit Zukunft? / Rainer Danielzyk ; Axel Priebs (Hrsg.). Hrsg. im Auftr. des Deutschen Verbandes für Angewandte Geographie e.V. – Bonn : Kuron, 1996
  (Material zur Angewandten Geographie ; Bd. 32)
  ISBN 3-923623-23-2

NE: Danielzyk, Rainer [Hrsg.]; GT

Herausgegeben von Rainer Danielzyk und Axel Priebs
im Auftrag des Deutschen Verbandes für Angewandte Geographie e.V. (DVAG), Bonn.

Verantwortlich für Inhalt, Abbildungen und Tabellen sind die Verfasser der Beiträge.

Alle Rechte vorbehalten, insbesondere das des Abdrucks und der Übersetzung in fremde Sprachen. Bei gewerblichen Zwecken dienender Vervielfältigung ist an den Verlag gemäß § 54 UrhG eine Vergütung zu zahlen, deren Höhe mit dem Verlag zu vereinbaren ist.

Copyright © 1996 by Verlag Irene Kuron, Bonn

Printed in Germany

Druck: Hundt Druck GmbH, Köln

Verlagsanschrift: Verlag Irene Kuron, Lessingstraße 38, 53113 Bonn

Vorwort der Herausgeber

Rainer Danielzyk und Axel Priebs

"Städtenetze" werden in der aktuellen raumordnungspolitischen Diskussion intensiv erörtert. Dies ist nicht zuletzt darauf zurückzuführen, daß sie sowohl vom Raumordnungspolitischen Orientierungsrahmen (1993) als auch vom Raumordnungspolitischen Handlungsrahmen (1995) als ein interessantes raumordnungspolitisches Handlungsinstrument herausgestellt wurden. In der Folge wurden sie Gegenstand eines eigenen Forschungsfeldes im Rahmen des Experimentellen Wohnungs- und Städtebaus (ExWoSt) des Bundesministeriums für Raumordnung, Bauwesen und Städtebau (BMBau), das Funktionsweisen, Rahmenbedingungen und Förderungsmöglichkeiten von Städtenetzen erforschen soll.

Daß Städtenetze diese hohe Aufmerksamkeit in Raumordnung und Raumforschung finden, dürfte vor allem damit zu erklären sein, daß sie das bewährte Instrumentarium der Raumordnung erweitern und – im Gegensatz zu diesem – eine flexible und effiziente Variante der immer wichtiger werdenden interkommunalen Kooperation zu sein scheinen. Damit ergibt sich eine bemerkenswerte Analogie zu der hohen Bedeutung, die gegenwärtig zwischenbetriebliche Netzwerke in strukturpolitischen und regionalökonomischen Diskussionen haben. Darüber hinaus wirkt vielversprechend, daß Städtenetze sowohl Entlastungsfunktionen in hoch verdichteten Agglomerationen als auch Entwicklungsfunktionen in peripheren, strukturschwachen Gebieten übernehmen können.

Leider hat sich die Angewandte Geographie mit Städtenetzen bisher wenig befaßt. Dies überrascht etwas, da sie doch in Ergänzung - oder gar in Konkurrenz? - zu dem Zentrale-Orte-System zu sehen sind, das gemeinhin als einer der wichtigsten Beiträge der Angewandten Geographie zur Raumforschung und Raumordnung gesehen wird. Um die Aufmerksamkeit von Geographinnen und Geographen für Städtenetze zu fördern, hat die Facharbeitsgruppe Regionalentwicklung im DVAG anläßlich des 50. Deutschen Geographentages 1995 in Potsdam eine Sitzung zu dieser Thematik durchgeführt. Im vorliegenden Band werden die Referate dieser Sitzung in überarbeiteter

Form dokumentiert. Diese werden durch einige Beiträge von Autoren, die an der Sitzung nicht teilnehmen konnten, ergänzt.

Nach einer Einführung in die Thematik durch die Herausgeber faßt Klaus Brake wichtige Ergebnisse eines grundlegenden Forschungsprojektes zu dem Thema zusammen. Brigitte Adam und Ralph Baumheier stellen in ihren Beiträgen grundsätzliche Überlegungen und Erwartungen aus der Sicht von Raumforschung bzw. Raumordnung in allgemeiner Form und an konkreten Beispielen vor. Kathrin Fahrenkrug erläutert erste Erfahrungen im Rahmen des o.g. ExWoSt-Forschungsfeldes. Es folgen Beiträge zu drei ExWoSt-Modellprojekten: Ulrike Schneider berichtet über das niedersächsische Städtequartett Damme-Diepholz-Lohne-Vechta; Peter Jurczek, Karin Güntner und Bertram Vogel stellen das sächsisch-bayerische Städtenetz vor; Klaus Mensing und Peter Hachmann gehen auf MAI (München, Augsburg, Ingolstadt) ein. Es folgt ein Beitrag von Bernhard Müller und Burkhard Beyer über Städteverbände in Sachsen, die dort - im Gegensatz zu den "von unten" gewachsenen Städtenetzen in anderen Regionen - vorrangig von der Landesplanung "normativ" vorgegeben werden.

Im zweiten Teil des Bandes werden wesentliche Beiträge einer Podiumsdiskussion dokumentiert, die ebenfalls im Rahmen des Geographentages im Anschluß an die Vorträge stattfand. Dazu werden Statements von Herbert Heidemann, Peter Jurczek, Jörg Maier, Kathrin Fahrenkrug und Axel Priebs abgedruckt.

Im Anhang werden die Aussagen des Raumordnungspolitischen Handlungsrahmens zu Städtenetzen dokumentiert.

Wir möchten es nicht versäumen, an dieser Stelle Elisabeth Decker und Matthias Rethmeier für die redaktionelle Unterstützung sowie Irene Kuron für die sorgfältige verlegerische Betreuung zu danken, und hoffen auf eine intensive fachliche Diskussion des Städtenetz-Ansatzes.

Rainer Danielzyk, Axel Priebs
Oldenburg/Hannover, im März 1996

Inhalt

Vorwort
Rainer Danielzyk und Axel Priebs 1

I. Fachbeiträge

**Städtenetze als Raumordnungsinstrument –
eine Herausforderung für Angewandte Geographie und Raumforschung!**
Rainer Danielzyk und Axel Priebs 9

**Städtenetze als Raumordnungsansatz –
Vernetzungspotentiale und Vernetzungskonzepte**
Klaus Brake 19

Städtenetze – Realität, Leitidee und Forschungsperspektive
Brigitte Adam 27

Städtenetze – Innovation durch regionale Zusammenarbeit
Ralph Baumheier 37

**Städtenetze als Forschungsfeld im Experimentellen Wohnungs–
und Städtebau des Bundesministeriums für Raumordnung,
Bauwesen und Städtebau**
Katrin Fahrenkrug 47

Inhalt

Städtekooperation und Regionalentwicklung über Landesgrenzen, dargestellt am Beispiel des Sächsisch-Bayerischen Städtenetzes
Peter Jurczek, Karin Güntner und Bertram Vogel 55

Interkommunale Kooperation im ländlichen Raum
Bericht vom "Städte-Quartett" Damme, Diepholz, Lohne, Vechta
Ulrike Schneider 65

Städtekooperation MAI –
Ein Beitrag zur Profilierung des Wirtschaftsraumes Südbayern
Rainer Hachmann und Klaus Mensing 75

Kooperation im Städteverbund – Impulse der Raumordnung
zur interkommunalen Zusammenarbeit in Sachsen
Bernhard Müller und Burkhard Beyer 83

II. Statements

Das Städtequartett Damme, Diepholz, Lohne, Vechta
zwischen Kirchturmdenken und regionaler Verantwortung
Herbert Heidemann 97

Städtenetze in ihrer raumordnungspolitischen Dimension
Peter Jurczek 101

Städtenetze und interkommunale Kooperation –
Notwendigkeiten, Grenzen und mögliche Handlungsanleitungen
Jörg Maier 105

Städtenetze –
Raumordnungspolitisches Handlungsinstrument mit Zukunft?
Katrin Fahrenkrug 109

Städtenetze als Handlungsinstrument –
Eine erste Einschätzung aus der Sicht der Raumordnungspraxis
Axel Priebs 113

III. Anhang

Auszüge aus
- Raumordnung in Deutschland 119
- Raumordnungspolitischer Orientierungsrahmen 123
- Raumordnungspolitischer Handlungsrahmen 127

Verzeichnis der Autorinnen und Autoren 133

Die Facharbeitsgruppe Regionalentwicklung
im Deutschen Verband für Angewandte Geographie 137

Teil I:
Fachbeiträge

Städtenetze als Raumordnungsinstrument - eine Herausforderung für Angewandte Geographie und Raumforschung!

von Rainer Danielzyk und Axel Priebs

Städtenetze - ein neues Thema der Raumordnung

Das Thema "Vernetzung" hat nach den Natur- und Sozialwissenschaften seit einigen Jahren auch die raumordnungspolitische Diskussion in Deutschland erfaßt. Vor allem aus dem angelsächsischen Sprachraum ist der Terminus "urban networks" über die Regionalpolitik der Europäischen Union in die offizielle Raumordnungspolitik der Mitgliedsländer diffundiert und ist auch in der Bundesrepublik Deutschland schnell zu einem Aktionsfeld für innovativ denkende Planer und Kommunalpolitiker geworden. Beispielsweise sind die Städtenetze in Frankreich aus der aktuellen raumordnungspolitischen Zukunftsdiskussion nicht mehr wegzudenken; entsprechend zeigt eine Übersicht der DATAR (vgl. Abb. 1) bereits rund zwei Dutzend Städtenetze, darunter etwa das Städtedreieck Le Havre - Rouen - Caen, das inzwischen eine europaweite Marketingoffensive als "Normandie Metropole" gestartet hat. Aus anderen europäischen Ländern lassen sich weitere Projekte nennen; exemplarisch soll am Schluß dieses Beitrages ein dänisches Projekt vorgestellt werden.

Wesentlichen Anteil an der europaweiten Verbreitung des Städtenetz-Ansatzes hatte das 1991 vorgelegte Dokument "Europa 2000" der EG-Generaldirektion Regionalpolitik, in dem die Generaldirektion Kooperationen und strategischen Allianzen zwischen Städten besondere Bedeutung beimißt. Dieses Dokument ist allerdings auch mitverantwortlich für eine sehr breite und wenig präzise Verwendung des Netz-Begriffs im Zusammenhang mit interkommunaler Kooperation. So wird darauf hingewiesen, daß Städtenetze auf verschiedenen Ebenen arbeiten können, nämlich europaweit, national, regional und grenzüberschreitend. Wörtlich wird zu den Netzen weiter ausgeführt:

"Sie können sowohl benachbarte als auch voneinander entfernt liegende Städte sowie Städte im Zentrum mit Städten in Randlage verbinden. Ebenso können sie Städte mit gemeinsamen wirtschaftlichen, sozialen, umweltpolitischen oder geographischen Merk-

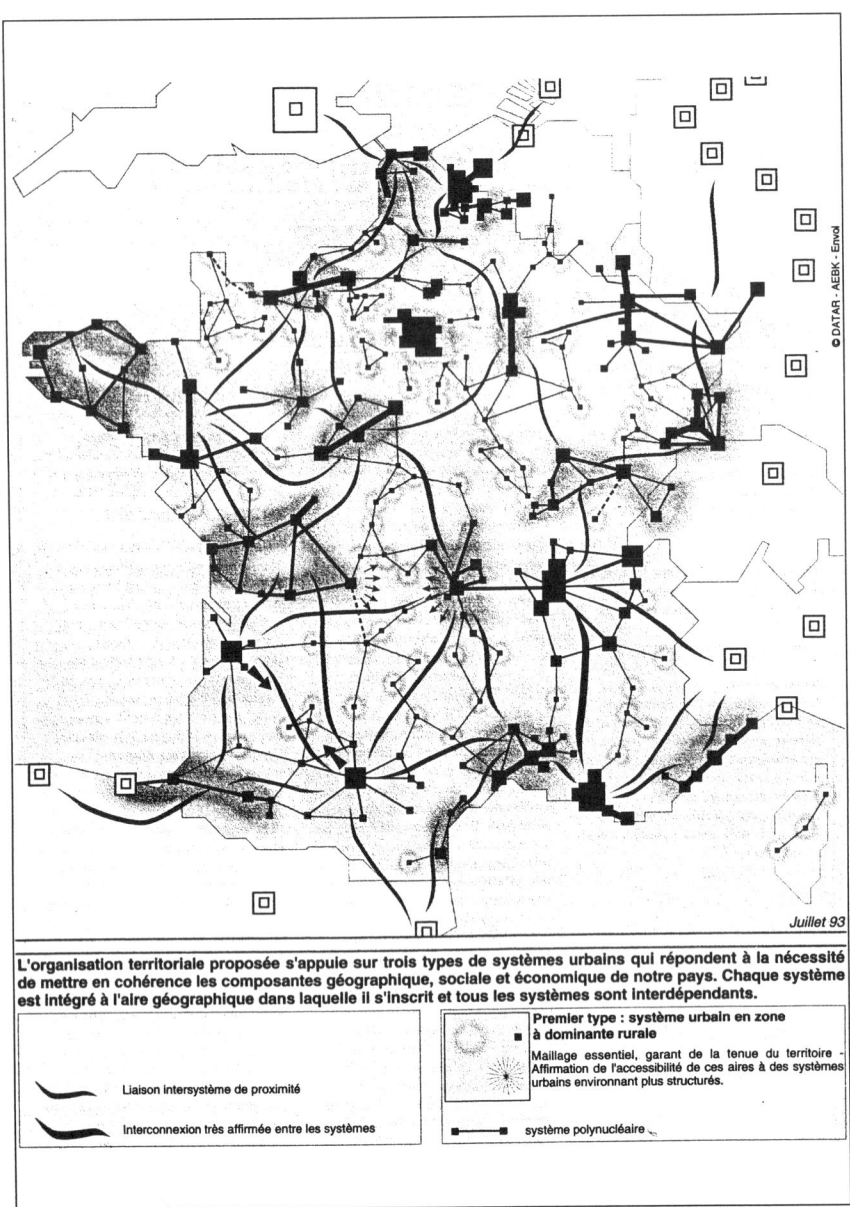

Abbildung 1: *Der Vernetzungsgedanke im französischen Städtesystem (Quelle: DATAR 1993)*

malen verknüpfen. Sie können auf der gemeinsamen Nutzung von Ressourcen - z.B. Informationstechnologie, Infrastruktur, finanzielle Mittel - basieren, oder sie können darauf hinzielen, Mittel zusammenzufassen, um Größenvorteile im Bereich der Forschung oder eventuell bei gemeinsamen Anschaffungen zu nutzen. Ferner können Netze für spezifische Wirtschaftszweige wie dem der Keramikbranche, in dem verschiedene Städte sich an einem ersten Erfahrungsaustausch beteiligen, oder dem der Automobilindustrie geschaffen werden" (Kommission der Europäischen Gemeinschaften 1991, S. 149).

Dieses Zitat ist leider geeignet, die Skeptiker zu bestätigen, die zum einen argumentieren, der Städtenetz-Ansatz sei so neu gar nicht, und zum anderen lediglich die Aussage bestätigt sehen, alles sei eben irgendwie mit allem vernetzt. Will man "Städtenetze" ernsthaft auf ihre Eignung als raumordnungspolitisches Instrument prüfen, ist ein derart umfassender und offener Begriffsgebrauch eher kontraproduktiv. Die Verfasser halten es deswegen für erforderlich, gleich eingangs eine Eingrenzung und nähere Begriffsdefintion vorzunehmen - wohl wissend, daß sicher auch andere Systematisierungen möglich sind. Die Verfasser wollen mit ihren Vorschlägen allem zu einer besseren Verständigung in der Diskussion und letztlich auch zu einer präziseren Begrifflichkeit in der planerischen Arbeit beitragen.

Begriffliche Eingrenzung und Präzisierung

Bei der begrifflichen Eingrenzung bietet sich mit Hinblick auf die landes- und regionalplanerische Relevanz als erster Schritt eine grundsätzliche Unterscheidung zwischen einem statischen und einem eher dynamischen Verständnis von Städtenetzen an (Baumheier 1994, S. 384). Diese Unterscheidung korrespondiert inhaltlich im wesentlichen mit der Unterscheidung funktionaler und strategischer Netze bei Kunzmann (1994, S. 4), die auch im weiteren Verlauf dieses Aufsatzes Verwendung finden soll:

- Unter einem funktionalen Netz versteht Kunzmann (1994, S. 4) ein "System von Städten in einem Raum (...), die in vielfältiger Weise funktional untereinander verknüpft sind". In einem derartigen Begriffsverständnis geht es mithin vor allem um die Beschreibung einer gegebenen Raumstruktur, die durch faktische intraregionale Vernetzungen bzw. eine räumlich-funktionale Arbeitsteilung gekennzeichnet ist, wie sie für eine klassische Stadtregion mit Kernstadt und größeren und kleineren Umlandkommunen charakteristisch ist und die sich z.B. durch Pendlerverflechtungen und Naherholungsströme ausdrückt. Bezüglich reiner Infrastrukturnetze und z.B. des Systems der durch Hochgeschwindigkeitsbahnen vernetzten Großstädte ist Ritter (1995, S. 396) zuzustimmen, der derartige Netze nicht als funktionale Städtenetze verstanden wissen will, sondern sie lediglich als "Mittel zum Zweck" akzeptiert.

- Insbesondere mit den strategischen Städtenetzen sind - im Gegensatz zu den weitgehend nur deskriptiv feststellbaren funktionalen Netzen - Erwartungen bezüglich ihrer Eignung als raumordnungspolitisches Instrument verbunden. Bei diesem Typ von Städtenetzen handelt es sich im wesentlichen um strategische Allianzen, die von mehreren Städten eingegangen werden, um netzinterne Vorteile zu erreichen und/oder die gemeinsame Außendarstellung zu verbessern. Im Vordergrund steht die gemeinsame, selbstorganisierte Bewältigung eines alle beteiligten Städte betreffenden Problems (Kunzmann 1994, S. 4). Zu den Zielen kann auch das gemeinsame Auftreten gegenüber Bund oder EU gehören. Wesentlich erscheint es jedenfalls, daß es sich bei einem strategischen Städtenetz um eine bewußte, tendenziell auf Dauer angelegte Zusammenarbeit zur Erreichung raumwirksamer Ziele handelt (Ritter 1995, S. 396).

Da die beteiligten Städte grundsätzlich eine gleichberechtigte Partnerschaft eingehen, überrascht es nicht, daß sich häufig Städte vergleichbarer Größenordnung in einem Städtenetz zusammenfinden. Gelegentlich spricht aber auch einiges für eine Vernetzung von Städten unterschiedlicher Größenordnung bzw. die Einbeziehung einer "Leitfigur" mit herausgehobener Bedeutung in ein Netz kleinerer Städte.

Über den Grad der raumordnungspolitisch gewünschten organisatorischen Verfestigung eines Städtenetzes gehen die Ansichten auseinander. Während Runkel (1994, S. 159f.) Wert darauf legt, daß Städtenetze "ein Instrument freiwilliger und informeller interkommunaler Zusammenarbeit" sind und "informellen Zweckgemeinschaften ähneln, ohne die strenge Rechtsform von Zweckverbänden zu erreichen", kann sich Ritter (1995, S. 396) Städtenetze sowohl mit informalen als auch mit formalen Organisationsstrukturen vorstellen. Einig sind sich Runkel und Ritter allerdings in der Forderung, daß die Städte selbst die Rolle der Akteure in einem Städtenetz übernehmen müssen und daß das Prinzip der Freiwilligkeit vorherrschen muß. Runkel (1994, S. 160) betont sogar, daß es "ein von oben verordnetes Städtenetz mit staatlich vorgegebenen Themenstellungen und Organisationsformen ... nicht geben" könne, da "Freiwilligkeit und Kooperationsbereitschaft der Gemeinden ... zentrale Voraussetzungen für funktionierende Städtenetze" seien.

Trotz des von Runkel postulierten Freiwilligkeitsprinzips ist es angesichts jüngerer Entwicklungen in der Planungspraxis erforderlich, neben den funktionalen und strategischen die normativen Städtenetze als dritte begriffliche Kategorie einzuführen. So liegt mit dem Landesentwicklungsplan 1994 des Freistaats Sachsen seit kurzem ein Raumordnungsdokument vor, in dem normative Zielaussagen zur Vernetzung und kooperativen bzw. komplementären Wahrnehmung zentralörtlicher Funktionen vorgegeben werden (vgl. den Beitrag von Müller und Beyer in diesem Band). Ob sich die normativen Vorgaben "von oben" in der Praxis mit dem Anspruch der Selbstorganisation "von unten" verbinden lassen, bleibt abzuwarten.

Bei den strategischen Städtenetzen ist in Anlehnung an Kunzmann (1994) noch weiter zwischen intraregionalen und interregionalen strategischen Städtenetzen zu unterscheiden. Ohne Zweifel ist es raumordnungspolitisch sinnvoll und relevant, auf nationaler (teilweise sogar supranationaler) Ebene die Möglichkeiten zu einer verstärkten großräumigen Vernetzung von Städten aufzuzeigen, wie es etwa im Raumordnungspolitischen Orientierungsrahmen des Bundes geschieht (vgl. BMBau 1993). Interregionale bzw. internationale Netze (z.b. das Netz von 58 "Eurocities") dürften in der Regel den beteiligten Städten einen Vorsprung gegenüber ihren nicht vernetzten Rivalen verschaffen und damit die relative Position der vernetzten Städte stärken, doch ist die unmittelbare Auswirkung auf die raumstrukturellen Verhältnisse in ihrer Region gering. Deshalb konzentrieren sich die Verfasser bei weiteren Überlegungen auf intraregionale strategische Städtenetze, d.h. Vernetzungen solcher Städte, die in einem regionalen raumstrukturellen Kontext miteinander stehen und meist eine geringe geographische Entfernung voneinander aufweisen.

Im Mittelpunkt des raumordnungspolitischen Interesses: Intraregionale strategische Städtenetze

Unter einem intraregionalen strategischen Städtenetz verstehen wir die freiwillige Kooperation von mehr als zwei benachbarten oder relativ nahe beieinander liegenden selbständigen Städten bzw. Gemeinden auf verschiedenen planungs- und strukturpolitisch wichtigen Handlungsfeldern. Im Gegensatz zu den klassischen eindimensionalen Zweckverbänden, z.B. Schul- oder Abwasserzweckverbänden, die grundsätzlich nicht unter dem Begriff "Städtenetz" zu subsumieren sind, ist die Kooperation im Rahmen eines Städtenetzes durch eine mehrdimensionale Aufgabenstellung geprägt, d.h. sie basiert auf mehreren gemeinsamen Aktionsfeldern bzw. Zielsetzungen. Sie setzt neben den gemeinsamen Interessen bzw. Zielen sowohl physische Vernetzungen (vor allem leistungsfähige Verkehrsverbindungen) als auch personelle Vernetzungen (zwischen den Akteuren), jedoch keine verfestigte rechtliche und organisatorische Struktur voraus.

Entsprechend der partnerschaftlichen, gleichberechtigten Zusammenarbeit ist die Zusammensetzung der Kommunen in einem Städtenetz nicht an hierarchische Zentrenstrukturen gebunden; wesentliches Leitmotiv ist vielmehr die mehrdimensionale, kooperative bzw. komplementäre Funktionswahrnehmung.

Aus diesen Kriterien resultiert eine starke Pragmatik und Handlungsorientierung der Städtenetze. Insbesondere ist hervorzuheben, daß die Kommunen bei den gemeinsamen Aktivitäten in der Städtenetz-Kooperation nicht Objekte der Raumordnung, sondern weitgehend autark handelnde bzw. gestaltende Akteure sind. Hieraus resultieren freilich auch mögliche Konflikte mit langfristigeren raumordnungspolitischen Überlegungen (vgl. den Diskussionsbeitrag von Priebs in diesem Band).

Es stellt sich die Frage, welche Effekte sich die Initiatoren eines Städtenetzes versprechen bzw. wo der Anreiz für die Vernetzung liegt. Der schon erwähnte Anstoß aus europäischer Sicht ist Teil der Ende der 80er Jahre begonnenen Diskussion über die Zukunft von Städten und Regionen in einem Europa, das zum einen durch die Vollendung des Europäischen Binnenmarktes, zum anderen durch die Öffnung nach Osten eine erhebliche Veränderung erfuhr.

Dem sich verschärfenden Konkurrenzdruck um Unternehmensansiedlungen, Fördermittel usw. können sich nach überwiegender Ansicht nicht mehr einzelne Kommunen, sondern nur noch mehrere Kommunen gemeinsam oder ganze Regionen stellen. Wesentliches Ziel der interkommunalen Kooperationen ist deswegen die gemeinsame Profilierung und Positionierung nach außen ("Gemeinsam sind wir stark").

Parallel zur Städtenetzdiskussion (und sich teilweise mit dieser überlappend) ist deswegen die Diskussion um Regionalkonferenzen, Regionale Entwicklungskonzepte und die Regionalisierung von öffentlichen Aufgaben von Bedeutung (vgl. Momm et al. 1995).

Aber auch die Verknappung öffentlicher Mittel führt zur Überwindung klassischen Kirchturmdenkens und ersetzt Abgrenzung durch verstärkte Kooperationsbereitschaft. Dies bedeutet konkret, daß Kommunen zunehmend die Notwendigkeit erkennen, größere kommunale Investitionen (z.B. Veranstaltungshallen, Berufsschulen, Erschließung von Gewerbegebieten etc.) in gegenseitiger Abstimmung zu planen und gemeinsam Schwerpunkte in der Ausrichtung und Profilierung vorhandener Einrichtungen zu setzen. Die durch Kooperation erzielbare Optimierung des öffentlichen Mitteleinsatzes durch Abstimmung von Investitionen und Ressourcenbündelung vermeidet u.a. unsinnige Parallelinvestitionen und führt mittelfristig zu einem verbesserten Angebot für die regionale Bevölkerung (vgl. den Diskussionsbeitrag von Heidemann in diesem Band).

Natürlich sind mit einer Kooperation bzw. Vernetzung auch Probleme verbunden. So ist es für die Städte eines Netzwerkes nicht leicht, mit dem Spannungsverhältnis von Kooperation und Konkurrenz umzugehen. Nach wie vor sind die Kommunen ja selbständig, d.h. der nicht zuletzt durch das Steuersystem erzwungene kommunale Egoismus kann nicht einfach negiert werden. Allerdings ist auch innerhalb eines Städtenetzes eine produktive Konkurrenz durchaus erwünscht - so beispielsweise bezüglich der Gestaltung der Innenstädte oder bezüglich der Qualität kommunaler Einrichtungen.

Diese Konkurrenz hebt das Niveau des Gesamtangebots und der Lebensbedingungen für alle Menschen im Städtenetz bzw. in der Region. In diesem Sinne vergleicht Runkel (1994, S. 160) die Städtenetze mit den strategischen Allianzen in der Automobilindustrie, etwa bei der Entwicklung und Produktion von Großraum-PKW's, und betont, daß hierdurch die grundsätzliche Konkurrenz der beteiligten Unternehmen am Markt ja nicht aufgehoben werde.

Erheblicher Forschungs- und Diskussionsbedarf

Eine Reihe weiterer Fragen und Probleme, die mit dem Städtenetz-Ansatz verbunden sind, können hier nur kurz angeschnitten werden; sie werden jedoch zum Teil in den folgenden Beiträgen unter verschiedenen Blickwinkeln aufgegriffen und sollten darüberhinaus Gegenstand der Städtenetz-Forschung in den nächsten Jahren sein:

- So ist zu befürchten, daß der Prozeß der Entscheidungsfindung innerhalb eines Städtenetzes aufwendiger ist als innerhalb einer einzelnen Kommune. Auf der anderen Seite dürfte das in den gemeinsamen Sitzungen der Kommunen entstandene persönliche Vertrauen zwischen den Akteuren dazu führen, daß gemeinsame Vorhaben schneller und unbürokratischer auf den Weg kommen.

- Zunehmend diskutiert wird auch die Legitimation informeller Kooperationen, obwohl dieses Problem im Rahmen der Städtenetze, wo die Akteure als gewählte kommunale Akteure einer demokratischen Kontrolle unterliegen, weniger zum Tragen kommen dürfte als bei Regionalkonferenzen, wo eine Vielzahl weiterer Akteure aus Wirtschaft und Gesellschaft mitwirkt, wenn Regionalkonzepte und Förderungsprioritäten festgelegt werden.

- Organisatorisch ist von Interesse, welchen Beitrag eine institutionalisierte Projektkoordinierung bzw. -moderation im Rahmen eines Städtenetzes leisten kann. Diese Koordinierung könnte zum einen von einem eigenen Sekretariat der beteiligten Kommunen (wie z.B. in dem folgenden dänischen Beispiel) geleistet werden, zum anderen durch einen externen Moderator. Hierfür wiederum kämen sowohl intermediäre Organisationen (z.B. Initiativen zur Regionalentwicklung oder Forschungsinstitute) als auch "etablierte" Institutionen (insbesondere die Regionalplanung) in Frage.

- Unter dem Aspekt der Umweltverträglichkeit von Städtenetzen wäre zu prüfen, inwieweit für die Vernetzung der Preis eines erhöhten Verkehrsaufwandes bezahlt werden muß. Dabei müßte aber auch untersucht werden, ob sich der möglicherweise erhöhte intraregionale Wegeaufwand durch Einsparung von Versorgungsfahrten in weiter entfernte Städte relativiert.

- Raumordnungspolitisch von besonders starker Brisanz ist schließlich die beispielsweise von Ritter (1995, S. 401) angeschnittene Frage, was mit den ländlichen "Maschen" zwischen den städtischen "Knoten" im Zentrenverbund geschieht - insbesondere stellt sich die Frage, ob mit der Bildung von Städtenetzen die Herstellung gleichwertiger Lebensverhältnisse in den Teilräumen des Bundesgebietes eher gefördert oder möglicherweise erschwert wird.

Diese und weitere Fragen werden in den kommenden Jahren auf einer breiten empirischen Basis mit Bundesmitteln in einem neuen, auf mehrere Jahre angelegten Forschungsfeld "Städtenetze" im Rahmen des Experimentellen Wohnungs- und Städtebaus (ExWoSt) untersucht werden. Informationen über das vom Bundesministerium für Raumordnung, Bauwesen und Städtebau sowie der Bundesforschungsanstalt für Landeskunde und Raumordnung betreute Gesamtvorhaben und über einzelne Projekte daraus werden in den folgenden Beiträgen dieses Bandes gegeben. Die Verfasser möchten deswegen auf dieses ExWoSt-Forschungsfeld hier nicht näher eingehen, sondern auf ein ihres Erachtens sehr interessantes strategisches Städtenetz aus Dänemark hinweisen, womit auch die internationale Dimension des Städtenetz-Ansatzes unterstrichen werden soll.

Die "Dreieck-Region" - Beispiel eines dänischen Städtenetzes

In Dänemark gehört die Vernetzung von Städten zu den aus Sicht der Landesplanung besonders interessanten Themen, denen im Zusammenhang mit der Ausfüllung des raumordnungspolitischen Orientierungsrahmens "Dänemark auf dem Weg in das Jahr 2018" (vgl. Priebs 1995) eine besondere Förderung durch das Umweltministerium zuteil geworden ist. Als Modellprojekt wird ein Anfang 1992 durch damals sechs Kommunen initiiertes Städtenetz im Osten Jütlands an der Verbindung über den Kleinen Belt nach Fünen gefördert, dem heute die Städte Kolding, Vejle und Fredericia sowie fünf weitere Kommunen angehören (Abb. 2). Insgesamt leben 215.000 Menschen in den beteiligten Kommunen, die jeweils zwischen 5.000 und 60.000 Einwohner haben. Ehrgeiziges Ziel der beteiligten Kommunen ist es, mit der Gesamtheit ihrer Potentiale die offizielle Anerkennung der Landesplanung als fünftes Oberzentrum ("landsdelcenter") Dänemarks zu erhalten. Entsprechend wird versucht, in der Wirtschaftsförderung, Aus- und Weiterbildung, Forschung, Kultur, im Tourismus und in anderen

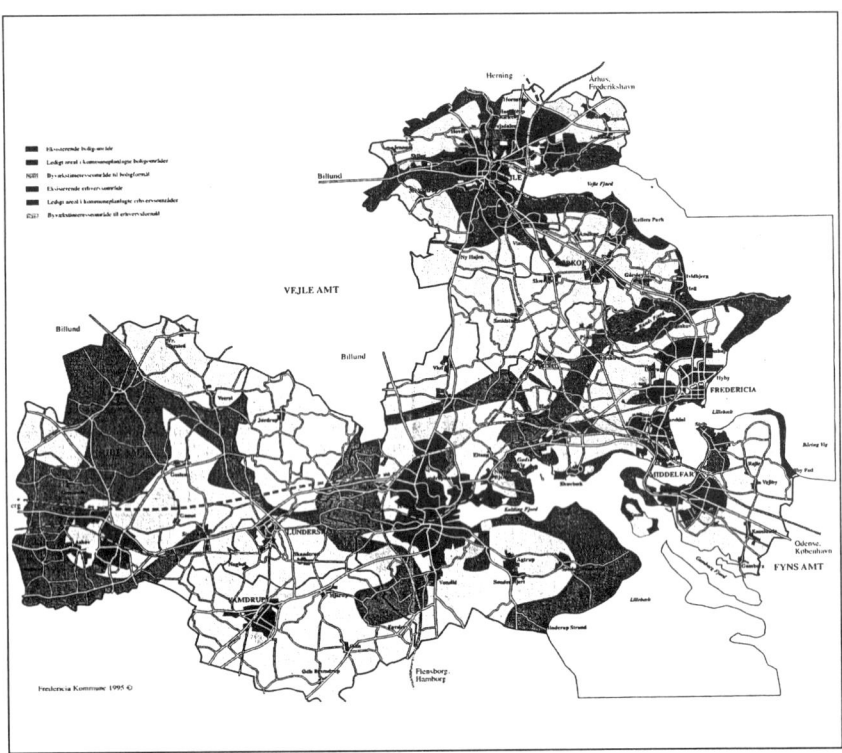

Abbildung 2: *Die dänische "Dreieck-Region"*
(Quelle: Fredericia Kommune 1995)

Städtenetze als Raumordnungsinstrument

Bereichen zusammenzuarbeiten. Dabei besteht ausdrücklich die Prämisse, die Selbständigkeit der Kommunen zu wahren, wobei die Nachteile, die sich aus der Zugehörigkeit zu drei verschiedenen Verwaltungs- und Regionalplanungseinheiten ergeben, durch gezielte Projekte überbrückt werden sollen. Auch soll ein gemeinsames Entwicklungsleitbild erstellt werden, das jedoch kein Regionalplan im engeren Sinne sein sollte. Organisatorisch wird die Arbeit des Städtenetzes seit Anfang 1994 durch ein

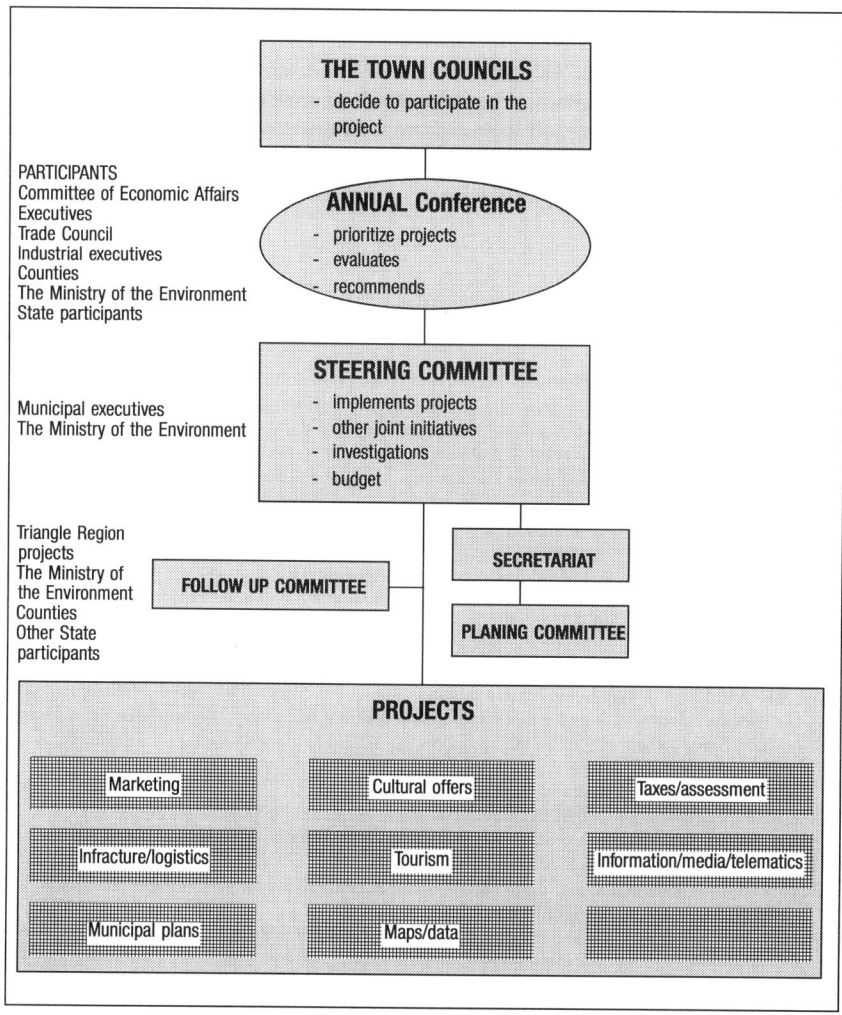

Abbildung 3: *Organisationsstruktur der "Dreieck-Region"*
(Quelle: Bycirkelsekretariat 1993)

Sekretariat unterstützt, dessen Finanzierung im Rahmen des Modellvorhabens von der Regierung ermöglicht wird. Der Einfluß der beteiligten Kommunen wird durch die Steuerungsgruppe gesichert, der leitende Beamten aller beteiligten Kommunen sowie aus dem Umweltministerium angehören (vgl. Abb. 3).

Ende 1995 läuft der Versuchszeitraum aus; die beteiligten Kommunen haben aber beschlossen, das Sekretariat ab Januar 1996 als feste Einrichtung mit eigenen Mitteln weiterzuführen. Daraus wird ersichtlich, daß alle beteiligten Kommunen vom Nutzen der Kooperation überzeugt sind. Die Diskussion über die weitere Entwicklung ist im Gange; u.a. wird die Ausdehnung auf weitere Kommunen überlegt. Ein Kernthema der zukünftigen Zusammenarbeit wird die Wirtschaftsförderung bzw. gemeinsame Außendarstellung als Wirtschaftsregion ("Dreieck-Region") sein, wozu eventuell eine gesonderte Gesellschaft gegründet werden soll; hierbei wird auch an eine Einbeziehung des Oberzentrums Odense gedacht.

Literatur

Adam, B. (1994): Städtenetze. Ein neues Forschungsfeld des Experimentellen Wohnungs- und Städtebaus. In: Informationen zur Raumentwicklung, H. 7/8, S. 513-520.

Baumheier, R. (1994): Städtenetze - Raumordnungspolitische Ziele und Anforderungen an den weiteren Ausbau städtischer und regionaler Vernetzung. Raumforschung und Raumordnung 52, S. 383-391.

Brake, K., W. Müller, F. Niemeyer, J. Knieling, C. Schmidt (1995): Städtenetze - Vernetzungspotentiale und Vernetzungskonzepte. Endbericht des Forschungsinstituts Region und Umwelt an der Carl von Ossietzky Universität Oldenburg GmbH zu einem Forschungsprojekt im Auftrag des Bundesministeriums für Raumordnung, Bauwesen und Städtebau sowie der Bundesforschungsanstalt für Landeskunde und Raumordnung, Oldenburg.

BMBau: Bundesministerium für Raumordnung, Bauwesen und Städtebau (Hrsg.) (1993): Raumordnungspolitischer Orientierungsrahmen. Bonn.

BMBau: Bundesministerium für Raumordnung, Bauwesen und Städtebau (Hrsg.) (1995): Raumordnungspolitischer Handlungsrahmen. Beschluß der Ministerkonferenz für Raumordnung in Düsseldorf am 8. März 1995. Bonn.

Kommission der Europäischen Gemeinschaften, Generaldirektion Regionalpolitik (1991): Europa 2000. Perspektiven der künftigen Raumordnung der Gemeinschaft. Brüssel/Luxemburg.

Kunzmann, K. (1994): Strategische Städtenetze in Europa: Mode oder Chance? Überarbeiteter Beitrag zum Symposium des Instituts für Europäische Integrationsforschung e.V. zum Thema "Regionalentwicklung im Prozeß der Europäischen Integration" am 19.10.1994 (als Manuskript vervielfältigt).

Momm, A., R. Löckener, R. Danielzyk, A.Priebs (Hrsg.) (1995): Regionalisierte Entwicklungsstrategien. Bonn. (=Material zur Angewandten Geographie Band 30).

Priebs, A. (1995): Aktuelle Fragen der räumlichen Planung in Dänemark. In: EUREG 2/1995, S. 56-57.

Priebs, A. (1996): Städtenetze als raumordnungspolitischer Handlungsansatz - Gefährdung oder Stütze des Zentrale-Orte-Systems? In: Erdkunde 1 (im Druck).

Ritter, E.-H. (1995): Raumpolitik mit "Städtenetzen" oder: Regionale Politik der verschiedenen Ebenen. In: Die Öffentliche Verwaltung 48, S. 393-403.

Runkel, P. (1994): Städtenetze als neues Instrument der Raumordnung. In: Informationsdienst 15-16, S. 159-162.

Sächsisches Staatsministerium für Umwelt und Landesentwicklung (1994): Landesentwicklungsplan Sachsen. Dresden.

Stiens, G. (1995): Die neue raumordnungspolitische Programmatik der Städtevernetzung. In: Stadt und Gemeinde 5, S.174-180.

Stiens, G. (1995): Städtevernetzung. Materialien zur Raumentwicklung, H. 72, Bonn.

Städtenetze als Raumordnungsansatz - Vernetzungspotentiale und Vernetzungskonzepte

von Klaus Brake

Städtenetze sind in Mode. Wie alle Vernetzungen werden auch sie als Politikthema euphorisch gehandelt. Und entsprechend voluntaristisch wird begrifflich damit umgegangen. Zugleich sind sie bereits Instrument der Raumordnungspolitik (BMBau 1993). Um so wichtiger ist es, Leistungsmöglichkeiten und Konzepte von Städtenetzen (und den Zusammenhang von beidem) zu klären. Dem dient unter anderem ein Forschungsvorhaben [1], vor dessen Hintergrund die folgenden Ausführungen zu sehen sind (vgl. auch Brake, Knieling, Müller 1996).

Zunächst ist nach der Funktion von Städtenetzen im Hinblick darauf zu fragen, was sie leisten sollen. Städtenetze sind eine Fallgruppe "interkommunaler Kooperation", jedoch von betont mehrdimensionaler und stärker integrierter Art als – sogar thematisch "vervielfältigte" – Zweckverbände (vgl. auch Priebs 1996). Sollen sie doch – zumindest im Kontext bundesdeutscher Raumordnungsdiskussion – im Sinne "synergetischer Effekte" Standortqualitäten erzeugen, die jeweils einzelne Städte nicht bzw. – vor dem Hintergrund des aktuellen sozioökonomischen Strukturwandels – nicht mehr hinreichend zustande bringen. In dieser Richtung machen Städtenetze konzeptionell in unterschiedlicher Weise einen "Sinn", indem sie

- zum einen in Verdichtungsräumen und deren Umland eine Rolle spielen; hier können sie ein Ansatz sein, die Strategie der Dekonzentration zu organisieren, d.h. Verdichtungsraumkerne durch "Entlastung" in ihrer hochwertigen Funktion weiterzuentwickeln (eine durchaus nicht unumstrittene Programmatik; vgl. Stiens 1994);
- zum anderen in verdichtungsraumfernen Gebieten eine Rolle spielen, um die polyzentrale Siedlungsstruktur zu stabilisieren: als ein Ansatz "dezentraler Konzentration" lägen sie damit auf der Linie einer Programmatik mit einiger Tradition.

Diese zweite Rolle bedeutet im Kern vor allem, Standortqualitäten zu entwickeln. Die vorliegende Untersuchung konzentriert sich auf diesen (dezentralen) Typ von Städtenetzen. Im "Raumordnungspolitischen Orientierungsrahmen" (BMBau 1993) werden sie als Städtenetze "mit Ausbaubedarf" (bzw. "besonderem Entwicklungsbedarf") bezeichnet. Was mit ihnen erreicht werden soll, charakterisieren wir als den "kooperativen Gesamtstandort": die Qualitäten eines (entsprechend höherwertigen) Standortes sollen erzeugt werden, indem die Einzelstandorte bzw. einzelnen Städte nicht etwa im Gesamtstandort aufgehen, sondern ihn in einer bestimmten Art und Weise von Arbeitsteilung und Kooperation (bzw. Integration und Konkurrenz) konstituieren [2].

So einleuchtend das auch klingt, allein schon als "interkommunale Kooperation" ist das kein Selbstläufer, zumal sich Städtenetze auch noch in dem – keinesfalls unkomplizierten – Feld der (regionalen) Raumordnung bewegen. Und obwohl es zu Städtenetzen mit dieser Aufgabenstellung bzw. diesem "Leistungshorizont" noch keine Empirie gibt, soll versucht werden, herauszuarbeiten,
- inwieweit "förderliche Voraussetzungen" für Städtevernetzung (Vernetzungspotentiale) auszumachen sind;
- inwieweit es zur – auch organisatorischen – Konzeptionierung von Städtenetzen hilfreiche Einschätzungen gibt;
- inwieweit Städtenetze mit anderen Konzepten regionaler Entwicklungspolitik "verträglich" sind.

Auf diese drei Aspekte wird im folgenden kurz eingegangen.

Förderliche Voraussetzungen für Städtevernetzung ("Vernetzungspotentiale")

Vernetzungspotentiale können zunächst einmal – eher generell – in der allgemeinen Diskussion über Vernetzung aufgespürt werden. Aus der eher organisationstheoretisch-politikwissenschaftlichen Debatte (vgl. Mayntz 1993, Döhler 1993, Benz u.a. 1992) hilfreich erscheinen die Hinweise darauf,
- daß ein Netz das Feld ist, das nach innen die intensiveren Beziehungen aufweist als darüber hinaus,
- daß prinzipiell gleichermaßen Nutzenerwartungen eingebracht werden und dementsprechend Vorteilsausgleich möglich sein muß, und
- daß es sich um horizontal gelagerte Kooperation bzw. um gleichberechtigte Netzpartner handelt.

Was die primär ökonomische Netzwerke-Debatte anbelangt (vgl. Rehfeld 1994, Kilper o.J.), so scheint folgendes für das Thema Städtenetze bemerkenswert:

Für die nur sehr bedingte Übertragbarkeit kennzeichnend ist die völlig anders gelagerte Qualität von Nutzen in den beiden Sphären. Was auch Städtevernetzung jedoch positiv bewältigen muß, sind die miteinander verbundenen Ansprüche auf Dezentralisierung, Spezialisierung, Assoziierung und Orientierung (Semlinger 1995). Gleichermaßen wesentlich ist eine Balance von einerseits gemeinsamen, andererseits getrennten Vernetzungs-Themen bzw. von Kooperation und Konkurrenz (d.h. Eigenständigkeit) unter den Netzpartnern. Ungeklärt ist noch das Verhältnis von (ökonomischer) Vernetzung der Wirtschaftsstrukturen und (politischer) Vernetzung von Gebietskörperschaften im gleichen Raum: daß politische Vernetzung ökonomischer folgt, ist nicht nachweisbar; daß ökonomische Vernetzung politische fundiert, wird als erheblich plausibel angesehen [3].

Des weiteren sind "förderliche Voraussetzungen" für Städtevernetzung vor allem in drei Bereichen zu sehen:

- Die Kooperationsbereitschaft von Städten ist – wie die Städtenetz-Initiativen [4] zeigen – hinreichend entwickelt, wenn auch noch zu kultivieren bzw. zu strukturieren.

- Ohne das Interesse flächennutzender Akteure an vernetzten Standorten wird ein "kooperativer Gesamtstandort" in der Praxis nur schwerlich zustande kommen bzw. "funktionieren". Hierbei handelt es sich – über die bereits erwähnten Kommunen hinaus – vor allem um:
  - die Wohnbevölkerung, für die (im Zuge des aktuellen sozioökonomischen Strukturwandels) eher sogar zunehmend Dispositionen zu einem regionalisierten Muster des Alltagslebens zu erkennen sind;
  - die Arbeitsstätten (des privaten Bereichs), für die wir – vor dem gleichen Entwicklungshintergrund – unterschiedliche Dispositionen unterstellen: einerseits durchaus Affinitäten zu Standorten, die eher als "integrierte" (statt funktionsentmischte) zu charakterisieren sind (dazu würden die als Städtenetz angebotene "kooperative Standorte" ja auch zu zählen sein), und andererseits ein Agieren im weiteren Standortgebiet, das eben keineswegs selbstverständlich auch als vernetzt zu bezeichnen ist.

- Die Kommunikationsinfrastruktur schließlich kann in Form der "neuen" Technologien grundsätzlich als eine für Städtevernetzung förderliche Voraussetzung eingeschätzt und eingesetzt werden.

Konzeptionierung von Städtenetzen ("Vernetzungskonzepte")

Um Städte zu vernetzen, scheinen vier Aspekte hier bedeutsam zu sein:
- Problemlösungen,
- Themen,
- Distanzen und
- Anlässe.

Die Problemlösungen, gerade in verdichtungsraumfernen Gebieten, legen durchaus ein differenziertes Leistungsspektrum nahe; im Vordergrund steht z.B.

- die Versorgungsfunktion in strukturschwachen ländlichen Teilräumen, ausgerichtet nur auf Versorgung, um Optionen auf Zukünftiges zu erhalten ("Auffangnetz");

- die Versorgungs- und Entwicklungsfunktion in geringer verdichteten Teilräumen mit peripherem Zugang zum großräumigen Verkehrsnetz und mit über die Landwirtschaft hinausreichenden Ansätzen von verarbeitendem Gewerbe und Industrie, um einen qualitativen Sprung in der Standortkonkurrenz zu ermöglichen ("Stabilisierungsnetz");

- die Entwicklungsfunktion in Teilräumen, die stärker verdichtet sind, eher Transfergebiete des großräumigen Verkehrs darstellen und einen auch (über-)regional bedeutsamen Dienstleistungsbesatz aufweisen, um auf unterer Ebene in der Standortkonkurrenz mitspielen zu können ("Aufholnetz").

Im Hinblick auf einen "kooperativen Gesamtstandort" sind ganz bestimmte "Themen" vernetzter Aktivität relevant, und zwar in erster Linie: wirtschaftsorientierte Infrastrukturausstattung, konkrete (mikro-)standörtliche Qualitäten, Standort-Profil und städtebauliche Qualitäten. In zweiter Linie kämen dann z. B. Verwaltungsmodernisierung, Kosteneinsparung oder Marketing in Betracht.

Ebenfalls spielen die Distanzen zwischen den vernetzten Städten eine entscheidende Rolle: ein "kooperativer Gesamtstandort" - gerade auch als Kulisse des Alltagslebens - kann sich nicht über beliebig große Entfernungen hin konstituieren; 20 km zwischen einzelnen Städten (und bis zu 40 km maximal im Netz) erscheinen diskutabel.

Für die Vernetzung von Städten selbst, d.h. den Kooperationsprozeß, spielen zunächst die Anlässe eine besondere Rolle. Das sind für - zumal freiwillige - Kooperationen von Gemeinden ganz konkrete Problemlagen und Nutzenerwartungen. Anstöße können aber auch von außen und staatlicherseits erfolgen. Eine Voraussetzung für erfolgreiche Städtevernetzung ist die Absicht der Teilnehmer, dauerhaft zu kooperieren.

Des weiteren sind die Akteure von Bedeutung: Dies sind - zumal als Initiatoren und Promotoren von Kooperationen - in der Regel (politische) Verwaltungsbeamte. Der Kooperationserfolg hängt oft von ihrem Interesse und ihrer Energie ab. Die Aktivierung und die Entwicklung von Eigenständigkeit der mittleren Verwaltungsebene ist eine wichtige Voraussetzung dafür, daß sich dann auch Vernetzungsdynamik entwickelt. Die Einbeziehung der Kommunalpolitik ist schwierig, aber mit der Reifung von Kooperationen notwendig. Ihre frühe Einbeziehung erschwert jedoch Kooperationsfortschritte. Die Erweiterung des Akteursnetzes, insbesondere um private Unternehmen, ist für eine längerfristige Entwicklung von Kooperationen wichtig (wenn auch nicht einfach).

Schließlich sind unterschiedliche Phasen der Vernetzung zu beachten: Auf Dauer erfolgreiche Kooperationen zeichnen sich durch Projektorientierung aus. Speziell in der Startphase sind Gewinnmöglichkeiten für alle, hohe und kurzfristige Erfolgswahrscheinlichkeit, mehrgliedrige Kooperationsstrukturen und lose formale Strukturen wichtig. Der Prozeß kann oft durch externe Moderation gefördert werden. Eine eigenständige Institutionalisierung der Kooperation wird – in welcher Form auch – danach unerläßlich.

Wichtige Bedingungen für ein erfolgreiches "Reifen" von Städtenetzen sind schließlich die Anreicherung hinsichtlich der Zahl der Themen und ihrer grundsätzlichen Bedeutung, die Einbeziehung weiterer Akteure, Stärkung der eigenständigen Institutionalisierung, finanzielle und politische Absicherung der Kooperation und Außendarstellung.

Verhältnis von Städtenetzen zur (regionalen) Raumordnungspolitik

Städtenetze agieren mit ihren Netzpunkten in Gestalt der einzelnen Städte. In dieser Formation betreiben sie aktive Entwicklungspolitik im Hinblick auf "kooperative Gesamtstandorte" – und damit faktisch regionale Entwicklung, nämlich in dem "Raum", den sie mit ihren Netzpunkten abstecken. Dieser Raum ist jedoch auch Gegenstand der Raumordnung, auch wenn sich ein Städtenetz "natürlich" an deren Konditionen nicht hält – weder räumlich noch thematisch oder organisatorisch. Städtenetze verhalten sich meist hochgradig selektiv, d.h. sie lösen mindestens zwei Ansprüche der (regionalen) Raumordnung nicht ein: weder den flächendeckenden Anspruch (indem sie ja die "Maschen" in ihrem Netz überspringen bzw. ausklammern) noch den sektorübergreifenden Koordinationsanspruch der regionalen Raumordnung.

Schon diese Indizien berechtigen zu Überlegungen, inwieweit Städtenetze als Strategie der Raumordnung mit dieser selbst "verträglich" – um nicht zu sagen: womöglich auch kontraproduktiv (vgl. Priebs 1996) – sind. Dazu seien drei Hinweise geben:

- Zur allgemeinen Orientierung von Raumordnung:

    Die Selektivität bedeutet u.a. (nach Ritter 1995, S. 402), "daß solche Netzwerke freilich am ehesten aus starken Städten bestehen und dann die Starken auf Kosten der Schwachen noch stärker machen können". Das damit angesprochene "upgrading" kann allzu schnell in Konflikt geraten mit dem Ausgleichsziel der Raumordnung. Hier ergibt sich "Handlungsbedarf" für die regionale Raumordnung.

- Zur konzeptionellen/strategischen Dimension von Raumordnung (zentrale Orte/ Entwicklungszentren, –achsen/Vorranggebiete u.ä.):

    Für einzelne Raumordnungskonzeptionen können Städtenetze eine ergänzende Funktion erfüllen, wenn sie als Instrument verstanden werden, ihre Entwicklungsziele umzusetzen. Städtenetze haben einen dynamischen, akteurs– und aktionsorientierten Charakter. Die Raumordnungskonzeptionen sind dagegen überwiegend statische Zielformulierungen. Insofern reichern Städtenetze das Instrumenten–Repertoire der Raumordnung an. Zugleich erweitern sie traditionelle Instrumente, indem sie neue Anforderungen integrieren.

In die Konzeptionen der ausgeglichenen Funktionsräume sowie der Entwicklungsschwerpunkte und -achsen läßt sich das unmittelbar einfügen: Die Kooperation mehrerer Städte würde z.b. den Entwicklungsschwerpunkt zu einem "kooperativen Entwicklungsschwerpunkt" erweitern. Mit dem Zentrale-Orte-System gibt es dagegen potentielle Konflikte. Denn dessen hierarchische Struktur kann zum Hindernis der Gleichberechtigung werden, die für die Kooperation innerhalb der Städtenetze nötig ist. Städtenetze unterstreichen folglich noch einmal die Forderung an das Zentrale-Orte-System flexibler auf die unterschiedlichen regionalen Entwicklungsanforderungen zu reagieren (vgl. auch Priebs 1996). Deutlich wird dies z. B. anhand gewerblicher Standortvernetzung, die sich aus modernen "just in time"-Rationalisierungskonzepten der Industrie ableitet; sie kann nicht durch das Zentrale-Orte-System abgebildet werden, erfordert aber eine intensive Kooperation der Städte. Noch kritischer scheint das Verhältnis von Ansätzen ausgeprägter funktionsräumlicher Arbeitsteilung zu Städtenetzen zu sein, indem diese sich ja eher auf integrierte Standortstrukturen orientieren.

- Zu Verfahrensaspekten:

Läßt sich die verfaßte regionale Raumordnung – wie immer sie länderweise ausgestaltet ist – u.a. als formalisiert, hierarchisiert und "reguliert" kennzeichnen, so ist ein Städtenetz als ein "offener Kooperationsprozeß" anzusehen. Insofern symbolisieren Städtenetze eher das gewandelte Planungsverständnis, das sich in den letzten Jahren in der Strukturpolitik durchsetzen konnte: Entwicklungsimpulse kommen von kommunaler und regionaler Ebene, Fördermittel werden nicht flächenhaft, sondern bedarfsorientiert aufgrund kommunaler oder regionaler Entwicklungskonzepte vergeben, die Ergebnis kooperativer Prozesse sind. Städtenetze können diese Herausforderung aufgreifen, wenn ihr mehrdimensionaler Charakter zum Tragen kommt und es ihnen gelingt, neben der nach wie vor gegebenen interkommunalen Konkurrenz das Kooperationsmoment zu stärken.

Bezogen auf die Ablauforganisation der Raumordnung steht der kooperative "bottom up"-Ansatz der Städtenetze in einem ausgeprägten Spannungsverhältnis zur "top down"-Ausrichtung der meisten Raumordnungskonzeptionen. Positive Korrelationen weisen auch dabei die Konzeptionen endogener bzw. eigenständiger Regionalentwicklung und des Regionalmanagements auf.

Abschlußbemerkungen

Von grundsätzlichem Charakter ist die Frage, inwieweit speziell Städtenetze überhaupt in der Lage sein können, die Potentiale des allgemeinen Netzwerkansatzes zu erschließen. Diese Netzwerke zeichnen sich dadurch aus, daß sie flexibel sind und daß damit je nach funktionaler Anforderung auch verschiedene Netzzuschnitte möglich sind. Städtenetze bilden dagegen ein relativ starres Netzwerk und benötigen ein hohes Maß an Kontinuität, um eine erfolgreiche Kooperation zu gewährleisten. Eine wesentliche Anforderung an die Aufbau- und Ablauforganisation der Städtenetze wäre also, ein Höchstmaß an Flexibilität zu erzielen und gleichzeitig die für die Kooperation erforderlichen Rahmenbedingungen zu integrieren (vgl. auch Runkel 1994).

Die Ausführungen haben sich auf den Städtenetztyp "Kooperativer Gesamtstandort" in verdichtungsraumfernen Gebieten konzentriert. Damit die Städtenetz-Strategie jedoch in ihrer Gesamtheit diskutiert werden kann, erscheint es zweckmäßig, analoge Überlegungen auch für den Städtenetztyp der "Entlastungsnetze" (im Verflechtungsbereich überlasteter Oberzentren) vorzunehmen. Damit verbunden ist ein vertiefendes raumordnungskonzeptionelles Forschungsinteresse, und zwar insbesondere in zwei Richtungen:

- Inwieweit sind beide Städtenetztypen aus übergeordneter Sicht miteinander kompatibel und damit als Instrumenten-Set für die Raumordnung zu empfehlen?

- Wie sollte die sicherlich notwendige instrumentelle Differenzierung, insbesondere in Bezug auf flankierende Maßnahmen, aussehen? Dabei sollten vor allem auch die Querbezüge zu anderen Ressorts und deren Politik thematisiert werden, die für die Raumordnung mit Blick auf eine umsetzungsorientierte, integrierte Entwicklungspolitik von besonderem Interesse sind.

Die instrumentelle Innovation der Städtenetze steht im Kontext aktueller planungsmethodischer Umbrüche mit grundsätzlichen Anforderungen an die Raumordnung. Die weitere Städtenetzepraxis und -forschung könnte einen wesentlichen Beitrag zu dieser Debatte leisten, da die Städtenetze als Modellfall für die gewandelte Praxis der Regionalpolitik gelten können und die Umsetzung der Städtenetze-Strategie gleichzeitig die förderlichen und hinderlichen Rahmenbedingungen offenbart, mit denen sich die Planungstheorie konfrontiert sieht.

Anmerkungen

1 Forschungsprojekt "Städtenetze – Vernetzungspotentiale und Vernetzungskonzepte" des BMBau, bearbeitet durch das Forschungsinstitut Region und Umwelt an der Carl von Ossietzky Universität Oldenburg GmbH (FORUM) (Brake/Müller in Kooperation mit Knieling/Schmidt) in den Jahren 1994/95.
2 Dieser Städtenetztyp entspricht in etwa dem funktionalen/intraregionalen Typ lt. Kunzmann (1994).
3 Für die Städtevernetzung RESON (Regionale Entwicklungsagentur Süd-Ost-Niedersachsen) scheint das durchaus konstituierend zu sein, für das "Bergische Städtedreieck" dagegen als Ergänzungsprogramm interessant.
4 Beispielsweise im Zuge der Einrichtung des Forschungsfeldes "Städtenetze" im Programm des Experimentellen Wohnungs- und Städtebaus des BMBau (seit 1994); vgl. Beitrag von Brigitte Adam in diesem Band.

Literatur

Benz, A. u.a. (1992): Horizontale Politikverflechtung. Zur Theorie von Verhandlungssystemen. Frankfurt a. M.
BMBau: Bundesministerium für Raumordnung, Bauwesen und Städtebau (Hrsg.) (1993): Raumordnungspolitischer Orientierungsrahmen. Bonn.
Brake, K., Knieling, J., Müller, W., (1996): Städtenetze – Vernetzungspotentiale und Vernetzungskonzepte. Bonn (Material zur Raumentwicklung 76/BfLR).
Döhler, M. (1993): Netzwerke in politisch-administrativen System. In: D. Fürst/H. Kilper (Hrsg.): Effektivität

intermediärer Organisationen für den regionalen Strukturwandel; Dokumentation der Tagung am 18.06.1993 im Institut Arbeit und Technik/Wissenschaftszentrum NRW. Gelsenkirchen.

Kilper, H. (Hrsg.) (o.J.): Steuerungseffekte und Legitimation regionaler Netzwerke. Institut Arbeit und Technik/Wissenschaftszentrum NRW. Gelsenkirchen.

Kunzmann, K. (1994): Die europäische Gesamtperspektive von Städtenetzen. Vortrag beim Auftaktseminar des ExWoSt-Forschungsfeldes 'Städtenetze' am 30./31.05.1994 in Berlin.

Mayntz, R. (1993): Policy-Netzwerke und die Logik von Verhandlungssystemen. In: A. Héritier (Hrsg.): Policy-Analyse. Politische Vierteljahresschrift, Sonderheft 24, S. 41-56.

Priebs, A. (1996): Städtenetze als raumordnungspolitischer Handlungsansatz – Gefährdung oder Stütze des Zentrale-Orte-Systems? In: Erdkunde, 50, S. 35-45.

Ritter, E. H. (1995): Raumpolitik mit "Städtenetzen" oder: Regionale Politik der verschiedenen Ebenen. In: Die öffentliche Verwaltung 48, S. 393-403.

Runkel, P. (1994): Städtenetze als neues Instrument der Raumordnung. In: Informationsdienst 15-16, S. 159-162.

Semlinger, K. (1995): De-Industrialisierung versus Re-Industrialisierung – Die Rolle von lokalen Unternehmensnetzwerken. Thesenpapier zum DIFU-Workshop "Die Rolle des produzierenden Gewerbes in der Stadt", Nürnberg 16./17.3.1995.

Stiens, G. (1994): Veränderte Entwicklungskonzeptionen für den Raum außerhalb der großen Agglomerationsräume: Von der monozentrisch dezentralen Konzentration zur interurbanen Vernetzung. In: Informationen zur Raumentwicklung, H. 7/8, S. 427-445.

Städtenetze -
Realität, Leitidee und Forschungsperspektive

von Brigitte Adam

Mit diesem Beitrag soll dargestellt werden, was "Städtenetze" als gegenwärtige raumordnerische Strategie ausmachen. Mittelpunkt dieser Strategie ist das Forschungsfeld "Städtenetze" im Experimentellen Wohnungs- und Städtebau (ExWoSt) des Bundesministeriums für Raumordnung, Bauwesen und Städtebau (BMBau).

Gleichwohl dringt der Beitrag weniger zu jenem Mittelpunkt, dem ExWoSt-Forschungsfeld "Städtenetze", vor. Vielmehr soll an dieser Stelle etwas über die Randbedingungen gesagt werden: über das raumordnerische Umfeld des Forschungsfeldes und über weitere Forschungsperspektiven. Vor allem geht es aber um die siedlungsstrukturellen und kommunalpolitischen Tendenzen, in die die Strategie der Städtevernetzung eingebettet ist.

Die Darstellung siedlungsstruktureller und kommunalpolitischer Tendenzen im ersten Kapitel, die Skizzierung einiger aktueller raumordnerischer Orientierungen, Leitbilder und -ideen im zweiten und die Aussicht auf interessante, weiterführende Forschungsinhalte im dritten Kapitel bergen über den Informationsgehalt hinaus eine sequenzielle Bestimmung des Begriffs "Städtenetze" in sich.

Städtenetze als interkommunale Wirklichkeit

"Städtenetze" haben in der bundesdeutschen, aber auch in der europäischen Diskussion gegenwärtig "Hochkonjunktur" (vgl. Baumheier 1994), ohne daß dies gleichbedeutend wäre mit der Aktualität eines ganz bestimmten, definitorisch klar abgrenzbaren räumlich-funktionalen Phänomens. Mit dem Begriff "Städtenetze" wird eine Vielzahl räumlich und funktional sehr unterschiedlich gearteter und ausgeprägter "Vernetzungen" zwischen Städten und Gemeinden beschrieben. So gibt es beispielsweise das Städtenetz der europäischen Metropolen oder Hauptstädte [1], Schnellbahnnetze, Kommunikationsnetze, grenzüberschreitende Städtevernetzungen oder regionale Zusammenschlüsse von Gemeinden, welche vorhaben, Entwicklungs- und Planungsaufgaben gemeinsam zu bearbeiten.

Werden diese vielfältigen Assoziationen, die durch den Netzbegriff geweckt werden, der raumplanerischen Wirklichkeit gegenübergestellt, fällt besonders das Bemühen vieler Städte und Gemeinden auf, im regionalen Maßstab bestimmte Projekte gemeinsam mit anderen, davon betroffenen oder daran interessierten, Kommunen zu planen und das Geplante dann auch umzusetzen.

Ausgelöst wurden diese Kooperationsbestrebungen durch aktuelle räumliche Problemstellungen, wie den Druck knapperer Mittelzuweisungen, den europäischen Wettbewerb der Regionen und vielfach auch durch lokale Flächenengpässe. Immer mehr Gemeinden haben unter diesen Rahmenbedingungen erkannt, daß es Handlungsfelder gibt, auf denen besser kooperiert als konkurriert werden kann und daß bestimmte Aufgaben einfach nicht mehr im Alleingang zu bewältigen sind. "Echte" Kooperationen zeichnen sich durch die Freiwilligkeit der Kooperationspartner und deren Gleichberechtigung im Kooperationsverfahren aus.

Eine Kooperationsform, die inzwischen schon relativ häufig praktiziert und viel beachtet worden ist, ist die gemeinsame Ausweisung von Gewerbegebieten (vgl. Asche/Krieger 1990). Darüber hinaus hat sich in den letzten Jahren eine große Bereitschaft bei den Kommunen gezeigt, in verschiedensten oder gleichzeitig in mehreren Aufgabenbereichen miteinander zu kooperieren und auch betroffene private Akteure als Kooperationspartner mit einzubeziehen. Diese Entwicklung gilt längst nicht nur für große Städte, sondern mindestens ebenso für Mittelstädte und kleinere Gemeinden und neuerdings insbesondere für Kommunen außerhalb der großen Agglomerationsräume (vgl. Adam 1994a, Baedeker u.a. 1994).

Die Kooperationsbemühungen der Gemeinden, sozusagen die Entwicklung "von unten", werden überlagert von Bestrebungen der übergeordneten Planungsebenen, regionale Kooperationen "von oben" anzustoßen und zu fördern. Das gilt beispielsweise für die regionalisierte Strukturpolitik des Landes Nordrhein-Westfalen, die wegen der besonderen Krisensituation in den Montanregionen und der allgemeinen Ausdifferenzierung regionaler Entwicklungsprobleme initiiert wurde und die zur Bildung von 15 Kooperationsräumen in Nordrhein-Westfalen geführt hat (vgl. Stamm 1994).

Städtenetze verknüpfen als interkommunale Kooperationen im regionalen Maßstab zwei aktuelle Schwerpunkte innerhalb der raumplanerischen Diskussion, einen räumlichen und einen organisatorischen, die jeweils für sich alleine bereits an Bedeutung gewonnen haben: Sie verknüpfen die Aktualität von Region und Kooperation.

Selbst wenn der Blick nun auf interkommunale, regionale Kooperationen als eine Ausgestaltung der vielen denkbaren Formen städtischer - oder besser gesagt: kommunaler - Vernetzungen konzentriert wird, verbleibt noch eine beachtliche Bandbreite. Das gilt für:

- die Anzahl, Größe und Zentralität der Kommunen, die sich zu einem solchen kooperativen "Städtenetz" zusammenzuschließen,
- ihre räumliche Lage,
- die Aufgaben, die gemeinsam bewältigt werden sollen,
- die von ihnen gewählten Organisationsformen,
- aber auch für die Ausgangssituationen, die die Kooperationen begründen.

Zwei Kooperationsbeispiele (vgl. Adam 1994b) aus dem großen Spektrum von Kooperationsansätzen werden hier zur Illustration vorgestellt (vgl. Abb. 1):
- die Zukunftsinitiative im Aachener Raum e.V. (ZAR) und
- das Bergische Städtedreieck.

- **Zukunftsperspektive im Aachener Raum e.V. (ZAR)**
Im Städtenetz ZAR sind es sechs Mittelzentren (Alsdorf, Baesweiler, Eschweiler, Herzogenrath, Stolberg und Würselen) und zwei Gemeinden ohne höhere Zentralität (Aldenhoven und Inden) (vgl. Landesentwicklungsplan 1979), die miteinander kooperieren. Inden hat als kleinste Gemeinde "im Netz" rund 8.000 Einwohner [2] und Stolberg als größte rund 58.000 Einwohner (vgl. Hatzfeld/Schröer 1993, Brockmann/Wigand 1995). Die Zukunftsinitiative liegt in ei-

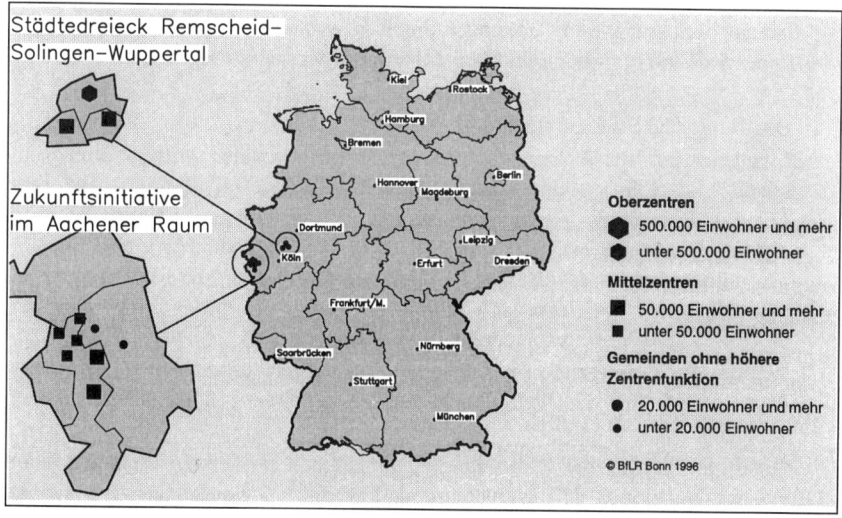

Abbildung 1: *Zwei Kooperationsbeispiele aus den alten Ländern*
Anmerkung: Zu Darstellungszwecken wurden bei der Abgrenzung der Kooperationsbeispiele die Analyseräume der BfLR verwendet. Diese sind nicht zwangsläufig identisch mit den Einzugsbereichen und Kooperationsräumen der Kooperationsbeispiele.

ner verdichteten Region [3] und - wie ihr Name schon andeutet - im Umland des Oberzentrums Aachen. ZAR hat sich die Bearbeitung eines komplexen Aufgabenspektrums vorgenommen. Es umfaßt alle entwicklungsrelevanten Aufgaben (Stadt-, Verkehrs-, Freiraum- und gewerbliche Entwicklung ebenso wie Handlungsfelder aus den Bereichen Kultur und Freizeit) und außerdem noch ein (integratives) regionales Management.

Die Zusammenarbeit im Aachener Raum ist privatrechtlich als Verein organisiert. Die Mitgliedsgemeinden wechseln sich turnusmäßig in der Geschäftsführung ab, so daß allen die gleiche Kompetenz, aber auch Verantwortung zukommt. Zur fachlichen Vorbereitung und als Geschäftsstelle wurde das sogenannte ZAR-Büro eingerichtet.

Anlaß für die Kooperationsbestrebungen war der notwendige Strukturwandel in einer vom Bergbau geprägten Region. Im Aachener Umland gab es somit Probleme, die die Kernstadt Aachen nicht hatte. Insofern war es in der Anfangsphase nachvollziehbar, daß Aachen nicht Mitglied der Kooperation ist. Mittlerweile hat sich das Blatt allerdings gewendet: Die ursprüngliche, umlandspezifische "Strukturkrise" hat zugunsten gemeinsamer regionaler Perspektiven an Bedeutung verloren. Auf dieser fortgeschrittenen Entwicklungsstufe wird deswegen gegenwärtig die Bildung einer Gesamtregion mit Aachen angestrebt (vgl. Brockmann/Wigand 1995, ZAR e.V. 1994).

Unterstützt wurde die Zukunftsinitiative durch finanzielle Förderungsmöglichkeiten auf Landesebene [4], aber auch durch deren Aufnahme als Modellvorhaben in das ExWoSt-Forschungsfeld "Städtebau und Wirtschaft" (vgl. a.a.O.).

- **Das Bergische Städtedreieck**

  Mitglieder im "Bergischen Städtedreieck" sind die beiden Mittelzentren Remscheid und Solingen und das Oberzentrum Wuppertal. Solingen hat rund 170.000 Einwohner, Remscheid annähernd 125.000 und Wuppertal rund 390.000 Einwohner (vgl. Böltken u.a. 1995). Das Städtedreieck grenzt im Norden unmittelbar an das Ruhrgebiet und im Südwesten an die Rheinschiene an, liegt selbst zwar noch innerhalb verdichteter Strukturen, bietet jedoch gleichzeitig Erholungs- und Naturpotentiale für die benachbarten Gebiete.

  Wie bei der Kooperation im Aachener Umland geht es auch beim Bergischen Städtedreieck um die Bearbeitung der maßgebenden entwicklungsrelevanten Aufgaben.

  Organisatorisch ist die städtische Zusammenarbeit in mehrere Elemente untergliedert, u.a. gibt es ein Regionalbüro als Koordinierungsstelle, das als gemeinsamer Stab der Oberstadtdirektoren und auf der Grundlage einer öffentlich-rechtlichen Vereinbarung gegründet wurde (vgl. Die Oberstadtdirektoren der Städte Remscheid, Solingen und Wuppertal 1992, Schneider 1993).

  Anders als ZAR ist das Bergische Städtedreieck Region im Rahmen der regionalisierten Strukturpolitik des Landes Nordrhein-Westfalen (vgl. Heinze u.a. o.J.)

und hat insofern neben der Motivation durch den anstehenden Strukturwandel und den verstärkten Wettbewerb der Regionen einen wesentlichen Anstoß durch die Landespolitik erhalten.
Städtenetze als interkommunale, regionale Kooperationen sind also keine neue Entdeckung, sondern praktizierte Planungswirklichkeit [5].

Städtenetze als raumordnerische Leitidee

Ausgangspunkt für ein Forschungsfeld "Städtenetze" war der Raumordnungspolitische Orientierungsrahmen (ORA), den das BMBau Ende 1992 vorgelegt und im Zusammenwirken mit den Ländern entwickelt hat (vgl. BMBau 1993).

Mit dem ORA wurde erstmals eine breit angelegte Positions- und Kursbestimmung für die räumliche Entwicklung des vereinten Deutschlands präsentiert. Der ORA stellt Leitbilder und Strategien für eine räumliche Entwicklung bereit, ist also vorrangig prozeßorientiert. Mit Blick auf die siedlungsstrukturelle Entwicklung wird im ORA ein Leitbild zugrunde gelegt, das eindeutig von dem Bestreben gekennzeichnet ist, die dezentrale Raum- und Siedlungsstruktur in der Bundesrepublik zu stärken und ihre Vorzüge zur Geltung zu bringen; Vorzüge, die stark zentralistisch ausgerichtete Länder, deren Siedlungsstruktur nur durch eine oder wenige Metropolen geprägt ist, offensichtlich nicht besitzen.

Der Ausbau von Städtenetzen soll dazu beitragen, das von der deutschen Raumordnung verfolgte Leitbild der dezentralen Siedlungsstruktur umzusetzen: Vernetzungen zwischen Städten sollen gezielt ausgebaut werden, so daß Synergieeffekte im Sinne einer Verstärkung ökonomischer und infrastruktureller Effekte genutzt werden können. Städtenetze sind im ORA in erster Linie großräumig bzw. überregional dargestellt und werden vornehmlich auf stärker verdichtete Gebiete bezogen (vgl. Baumheier 1994). Unterschieden werden im Orientierungsrahmen Städtenetze
- mit besonderem Entlastungsbedarf,
- mit Ausbaubedarf und
- mit besonderem Entwicklungsbedarf in den neuen Ländern.

Offen blieb, ob Städtenetze mehr Leitbild oder mehr Instrument sein sollen und auf welche Art und Weise sie ausgebaut werden können. Durch einen geeigneten Forschungsansatz sollte die abstrakte Vorstellung von Städtenetzen konkretisiert werden, um damit handhabbare Orientierungs- und Entscheidungshilfen bereitzustellen.

Zur Vorbereitung eines Forschungskonzepts fand im Sommer 1993 ein Expertengespräch statt, bei dem sich der Kooperationsaspekt als wesentliches Charakteristikum von Städtevernetzungen herausstellte. Insbesondere die Gleichberechtigung der Partner im Verfahren, d.h. der Verzicht auf eine Hierarchie, der dem Kooperationsgedanken immanent ist, scheint die Chance zu bieten, unausgewogenen räumlichen Spezialisierungen entgegenwirken zu können. Beispielsweise könnte durch kooperative interkommunale Verfahren die Problematik "ungeliebter" und umweltbelastender Raumnutzungen offen gelegt und ursächlich angegangen werden – also auch fachpolitisch und fachplanerisch, anstatt die Probleme auf räumliche (Standort-)Fragen zu reduzieren und ungewünschte Nutzungen einfach dem Schwächeren "zuzuschieben". Mit besonderem Blick auf weniger verdichtete Gebiete versprechen komplementäre Vernetzungen zur Entwicklung, zumindest aber zur Stabilisierung dieser Räume, beizutragen. Hinzu kommt, daß kooperative Ansätze besser als starre Pläne und Programme die erforderlichen Flexibilisierungspotentiale besitzen, um auf die Dynamik gesellschaftlicher und räumlicher Prozesse rechtzeitig reagieren und deren Komplexität jeweils möglichst wirklichkeitsnah abbilden zu können. An kooperative Städtenetze wurde insofern die Erwartung geknüpft, situations- und problemadäquates Handeln zu ermöglichen. Außerdem zeigte sich im Verlauf der weiteren Vorbereitungen des Forschungskonzepts, gerade auch angesichts der laufenden interkommunalen Kooperationsentwicklungen in Deutschland, daß kooperative Städtenetze nicht nur in der großräumigen Dimension Potentiale erkennen lassen, wie der ORA assoziiert, sondern auch im regionalen Maßstab - offenbar mit besonderen Stabilisierungs- und Entwicklungspotentialen außerhalb der stark verdichteten Gebiete.

Die Vorbereitungen führten Anfang 1994 zum Start eines neues Forschungsfeldes "Städtenetze" im Experimentellen Wohnungs- und Städtebau (ExWoSt), einem Forschungsprogramm des Bundesministeriums für Raumordnung, Bauwesen und Städtebau (BMBau). In diesem auf etwa vier Jahre angelegten Forschungsfeld soll anhand mehrerer Modellvorhaben ("Modellnetze") experimentell untersucht werden,
- durch welche Organisationsformen,
- für welche Aufgaben und
- in welchen Netzkonstellationen interkommunale Kooperationen vorhandene raumordnerische Kategorien und Instrumentarien um ein flexibles, projekt- und prozeßorientiertes Element ergänzen (nicht: ersetzen) können.

Den Forschungsvorbereitungen lag also ein Verständnis von Städtenetzen zugrunde, das gegenwärtige kommunalplanerische Handlungsbestrebungen aufgreift. Neu waren allerdings die Intentionen, unausgewogenen räumlichen Spezialisierungen entgegenzuwirken und Räume außerhalb der verdichteten Gebiete zu stabilisieren und zu entwickeln.

Im März 1995 wurde als konkretisierte Fortsetzung des ORA der Raumordnungspolitische Handlungsrahmen von der Ministerkonferenz für Raumordnung beschlossen. Als einer von zehn Schwerpunkten raumordnungspolitischen Handelns wird darin die Strategie der Städtenetze dargelegt.

Der Handlungsrahmen greift das Begriffsverständnis auf, das sich "auf dem Weg" vom ORA zum ExWoSt-Forschungsfeld entwickelte, indem das Forschungsfeld mit seinen inzwischen insgesamt elf bewilligten - regionalen und i.d.R. in weniger verdichteten Gebieten liegenden - Modellvorhaben als wichtiger Bestandteil des raumordnungspolitischen Handlungsschwerpunkts "Städtenetze" herausgestellt wird. Ausdrücklich wird noch einmal der ergänzende Charakter der Städtenetze vor allem hinsichtlich des "bewährten Zentrale-Orte-Systems" (vgl. BMBau 1995) betont. Zudem wird im Handlungsrahmen deutlich angesprochen, daß Städtenetze auch einen Beitrag zum Ressourcenschutz leisten sollen.

Perspektiven für die räumliche Forschung

Aus dem Blickwinkel der räumlichen Forschung drängt sich die Frage auf, inwieweit interkommunale Kooperationen oder "Netzwerke" (vgl. Keller/Stamm 1995) und physische Vernetzungen (z.b. Berufspendlerbeziehungen oder die gemeinsame Nutzung eines Gewerbegebietes) miteinander verbunden sind und inwieweit sie sich räumlich oder von den Kooperationsaufgaben her decken. Gemeint sind physische Vernetzungen, die (vor allem als Pendlerbeziehungen) natürlich bereits unabhängig von interkommunalen Netzwerken bestehen oder deren gezielte Ausgestaltung infrastrukturelle und ökonomische, aber auch ressourcensparende Synergieeffekte erwarten läßt. Dieser "Brückenschlag" ist auch Gegenstand des ExWoSt-Forschungsfelds. Dabei können durch zusätzliche Untersuchungen und Überlegungen und durch den Austausch jeweiliger Zwischenergebnisse die viel zitierten Synergieeffekte auch bei der Erforschung von Netzwerken und Netzen erzielt werden.

So erscheint es interessant, am Beispiel der laufenden Modellvorhaben im ExWoSt-Forschungsfeld oder ihnen ähnlicher "Städtenetze" zu untersuchen, inwieweit sich Kooperationsräume mit physischen Vernetzungen decken. Solche Untersuchungen könnten zudem zeigen, ob interkommunale Netzwerke im Erleben und in den Alltagserfahrungen der Bürgerinnen und Bürger ein Pendant finden.

Um nicht mißverstanden zu werden: Bestehende physische Vernetzungen zwischen Gemeinden werden nicht als Voraussetzung für ihre Kooperation angesehen. Im Verständnis des Forschungsfeldes sind sie ja eher eine Folge der Kooperation. Selbst das müssen sie nicht unbedingt sein, wenn beispielsweise schon allein der Austausch von (raumentwicklungs)relevantem Know-how dazu führt, daß sich Gemeinden in einem verdichtungsraumferneren Städtenetz gemeinsam stärken und somit großräumigen Unausgewogenheiten entgegenwirken. Auf einen solchen potentiellen Effekt lassen die Bemühungen der Kommunen in dem ExWoSt-Netz "Lahn-Sieg-Dill" schließen, die zwischen den Verdichtungsräumen Rhein-Ruhr und Rhein-Main liegen und die gemeinsam ihre Verwaltungen modernisieren.

Gleichwohl stellt sich für den Fall, daß Kommunen einerseits nicht "mitkooperieren", andererseits jedoch in enge physische Vernetzungen mit den Gemeinden eines Modellvorhabens eingebunden sind, die Frage, ob der "Kooperationsraum" situationsgerecht und problemadäquat abgegrenzt ist. Zweifel liegen dann nahe, wenn die Bearbeitung besonders bedeutsamer Kooperationsaufgaben durch Widersprüche zwischen Kooperationsraum und physischem Vernetzungsraum erschwert würde.

Weiterhin könnte es vor allem mit Blick auf die Zusammenstellung geeigneter Kooperationsaufgaben aufschlußreich sein, die jeweiligen raumstrukturellen Bedingungen in den jeweiligen Städtenetz-Gemeinden (z.b. Bevölkerungsstruktur, Branchenstrukturen, Ausbildungs- und Beschäftigungsmöglichkeiten, Infrastrukturangebote) zu eruieren und auf Ergänzungspotentiale zu untersuchen. Angesichts der Bestrebung, mit Städtenetzen auch zum Ressourcenschutz beizutragen, müssen Funktionsteilungen und -ergänzungen immer das implizite Verkehrsaufkommen mit berücksichtigen.

Städtenetze, in denen sich interkommunale Netzwerke und physische Vernetzungen räumlich decken, würden neue, gleichfalls informelle und zwangsläufig flexible Planungsräume beschreiben. Diese ließen ein zusätzliches Legitimationspotential erwarten - und gleichzeitig die Frage aufwerfen, inwieweit und unter welchen Bedingungen es sie bereits gibt oder geben könnte.

Anmerkungen

1   Baumheier (1994) erwähnt den von der Europäischen Kommission vorgelegten Bericht "Europa 2000" bzw. das darin angesprochene Beispiel der "Vereinigung der Hauptstädte der Europäischen Gemeinschaft".
2   Quelle aller (gerundeten) Einwohnerangaben zu ZAR vom 31.12.1992 ist die Laufende Raumbeobachtung der Bundesforschungsanstalt für Landeskunde und Raumordnung (BfLR).
3   "Verdichtete" Bereiche sind hier definiert auf der Grundlage der siedlungsstrukturellen Regionstypen der BfLR (Lage in den Kernstädten oder den angrenzenden hochverdichteten bis verdichteten Kreisen der Regionen mit großen Verdichtungsräumen bzw. der Agglomerationsräume) (vgl. Böltken u.a. 1995).
4   ZAR ist jedoch nicht identisch mit der im Rahmen der regionalisierten Strukturpolitik abgegrenzten Region Aachen (vgl. Stamm 1994).
5   Vgl. zu ZAR und zum Bergischen Städtedreieck auch BIPE Conseil: Le pact espace metropolitain Picard. Issy-Les-Moulineaux 1995 (Manuskript).

Literatur

Adam, B. (1996): Städtenetze: Interkommunale Kooperationen als regionales Entwicklungsinstrument. MAG 27

Adam, B. (1994b): Städtenetze. Ein neues Forschungsfeld des Experimentellen Wohnungs- und Städtebaus. In: Informationen zur Raumentwicklung, H. 7/8, S. 513-520.

Asche, M., F. Krieger (1990): Interkommunale Zusammenarbeit - Gemeinschaftliche Industrie- und Gewerbegebiete. Dortmund (= ILS-Schriften 41).

Baedeker, H.J. u.a. (1994): Interkommunale Gewerbegebiete. Neue Wege der regionalisierten Strukturpolitik. 7. Wissenschaftstag des ILS, 18. November 1993, Dortmund (= ILS-Schriften 74).

Baumheier, R. (1994): Städtenetze - Raumordungspolitische Ziele und Anforderungen an den weiteren Ausbau städtischer und regionaler Vernetzung. In: Raumforschung und Raumordnung 52, S. 383-391.

BMBau: Bundesministerium für Raumordnung, Bauwesen und Städtebau (Hrsg.) (1993): Raumordnungspolitischer Orientierungsrahmen. Bonn.

BMBau: Bundesministerium für Raumordnung, Bauwesen und Städtebau (Hrsg.) (1995): Raumordnungspolitischer Handlungsrahmen.

Beschluß der Ministerkonferenz für Raumordnung in Düsseldorf am 8. März 1995. Bonn.

Böltken, F. u.a. (1995): Laufende Raumbeobachtung. Aktuelle Daten zur Entwicklung der Städte, Kreise und Gemeinden 1992/93. Bonn (= Materialien zur Raumentwicklung, H. 67).

Brockmann, G., U. Wigand (1995): Zukunftsinitiative im Aachener Raum e.V. (ZAR): Prozesse und Ergebnisse. Vortrag auf der Diskussionsveranstaltung "Städtenetze" des Informationskreises für Raumplanung e.V. und der Vereinigung Stadt-, Regional- und Landesplanung e.V. (Regionalgruppe NW) am 21. April 1995 in Alsdorf.

Die Oberstadtdirektoren der Städte Remscheid, Solingen und Wuppertal (Hrsg.) (1992): Das Bergische Städtedreieck Wuppertal-Solingen-Remscheid. Werkstattregion Europas im Grünen. Regionales Entwicklungskonzept. Wuppertal.

Hatzfeld, U., T. Schröer (1993): Regionale Entwicklungsimpulse durch produktionsorientierte Dienstleistungen? Empirische Erkenntnisse zu einer großen Hoffnung. In: Raumforschung und Raumordnung 51, S. 335-346.

Heinze, R.G. u.a. (o.J.): Forschungsfragen und Forschungsdesign. In: Heinze, R.G., H. Voelzkow (Hrsg.): Regionalisierung der Strukturpolitik in Nordrhein-Westfalen, S.13-30. (im Druck).

Keller, S., T. Stamm (1995): Aufbau, Organisation und Handlungsmöglichkeiten von Städtenetzwerken - dargestellt am Beispiel des grenzüberschreitenden Städtevierecks Arnheim, Nijmegen, Kleve, Emmerich (ANKE). Diplomarbeit an der Fakultät Raumplanung der Universität Dortmund (unveröffentlichtes Manuskript).

Landesentwicklungsplan (1979): Landesentwicklungsplan I/II in der Bek. des Ministerpräsidenten v. 1.5.1979 - II A2 - 50.15. Ministerialblatt für das Land Nordrhein-Westfalen - Nr.50 vom 22. Juni.

Schneider, R. (1993): Regionale Kooperation. Das Regionalbüro Bergisches Städtedreieck Remscheid-Solingen-Wuppertal - ein notwendiges Experiment. Unveröffentlichter Diskussionsbeitrag zum Expertengespräch "Städtenetze" am 15./16.7.1993 in Bonn.

Stamm, T. (1994): "REK-quer". Quervergleich der Regionalentwicklungskonzepte in Nordrhein-Westfalen. Bochum.

ZAR: Zukunftsinitiative im Aachener Raum e.V. (1994): Modellvorhaben. Koordinierte Stadterneuerung im Aachener Revier. 6. Zwischenbericht, 1. Halbjahr 1994 (Manuskript).

Städtenetze –
Innovation durch regionale Zusammenarbeit

von Ralph Baumheier

Regionalisierung als Zeittrend

Regionalisierung der Regionalpolitik, Europa der Regionen, Regionale Entwicklungskonzepte, endogene regionale Potentiale – die Region als Handlungsebene und Akteur hat in den vergangenen Jahren nicht nur in der wissenschaftlichen Diskussion, sondern auch durch – zumindest ansatzweise – praktische Erprobung zunehmend an Beachtung gewonnen [1].

Dieser generellen "Wertschätzung" entspricht aber (noch) keineswegs die begriffliche Klarheit dessen, was mit Regionalisierung und auch mit Region gemeint wird [2]. Region und Regionalisierung werden vielmehr in der Regel je nach Politikfeld und Problemkontext sehr unterschiedlich verwendet, vor allem im Hinblick auf ihre Maßstäblichkeit: So begreifen sich im "Europa der Regionen" die deutschen Bundesländer als Regionen [3] und beanspruchen dementsprechend auch die Mehrzahl der Sitze im neu institutionalisierten EU-Ausschuß der Regionen [4]. Als Region begreifen sich aber andererseits auch das Ruhrgebiet [5] oder das sog. "Bergische Städtedreieck" Wuppertal-Remscheid-Solingen.

Weitere Kategorien von Regionsbegriffen beziehen sich stärker auf administrative Abgrenzungen, wie zum Beispiel die Arbeitsamtsbezirke, oder auf analytische Zwecke, wie etwa die Raumordnungsregionen der Bundesraumordnung. Auch in der Raumordnungspolitik von Bund und Ländern wird "der" regionalen Ebene entscheidendes Gewicht für eine zukunftsfähige Raumentwicklung beigemessen: "Regionale Zusammenarbeit ist zur Standortsicherung und -vorsorge für Arbeitsplätze, Wohnungen und Umweltvorsorge eine dringende raumordnerische Zukunftsaufgabe" (BMBau 1993, S. 7). Dabei ist klar, daß in diesem raumordnerischen Zusammenhang Region sicherlich nicht als Länderebene (miß)verstanden werden kann, ebensowenig wie administrative oder wissenschaftlich-methodische Abgrenzungskriterien vorrangig sind.

Ein wichtiges Charakteristikum ist vielmehr die – unterschiedlich ausgeprägte – Verbindung objektiver Verflechtungen mit stärker subjektiven Zugehörigkeitsgefühlen, also einer regionalen Identität ("Wir–Gefühl"). Die jeweilige Ausprägung der objektiven und subjektiven Verflechtungen ist dabei in einzelnen Regionen ebenso unterschiedlich wie auch die regionsinterne wie –externe Wahrnehmung als Region, also die mehr oder weniger bewußte Verankerung regionalen Handelns.

Raumordnerische Perspektive: Städtische und regionale Vernetzung als Ziel

Ausgangspunkt des raumordnerischen Interesses an regionaler Zusammenarbeit ist die Erhaltung und Weiterentwicklung der bislang relativ ausgeglichenen Raum– und Siedlungsstruktur in Deutschland.

Der Raumordnungspolitische Orientierungsrahmen von 1993 (BMBau 1993) nennt als wichtigen Ansatz zur Erreichung dieses Ziels den weiteren Ausbau städtischer und regionaler Vernetzung. Im Orientierungsrahmen selbst sind dabei vor allem großräumige Städtenetze exemplarisch benannt worden, deren Funktionsfähigkeit – durch Entlastung oder Aus– und Aufbau – als vorrangig angesehen wird. Explizit genannt werden im Raumordnungspolitischen Orientierungsrahmen die folgenden Städtenetze:
- Hanse–Städtenetz (Bremen, Hamburg, Kiel, Lübeck, Schwerin, Wismar, Rostock, Stralsund, Greifswald und weiter in Richtung Stettin),
- Städtenetz Hannover, Braunschweig, Magdeburg, Brandenburg, Potsdam, Berlin, Frankfurt/Oder,
- Städtenetz Brandenburg/Großraum Berlin (sog. "Dritter Ring"),
- Städtenetz Dresden/Oberes Elbtal, Chemnitz, Zwickau und weiter in Richtung Plauen und Hof bzw. in Richtung
- Thüringisches Städtenetz: Gera, Jena, Weimar, Erfurt, Eisenach mit Anschluß an Bad Hersfeld, Fulda und Kassel (BMBau 1993, S. 6).

Vernetzung ist als raumordnerische Strategie aber nicht nur auf dieser "Meta–Ebene" nationaler Städtenetze denkbar, sie entfaltet stabilisierende Wirkung für die Raum– und Siedlungsstruktur vor allem auch im kleinräumigen, regionalen Zuschnitt. Dementsprechend hat die Ministerkonferenz für Raumordnung (MKRO) in ihrem 1995 vorgelegten mittelfristigen Arbeits– und Aktionsprogramm, dem Raumordnungspolitischen Handlungsrahmen, ein breiteres Verständnis von Städtenetzen und städtischer Vernetzung entwickelt. Im Mittelpunkt werden die funktionalen Verknüpfungen und Kooperationen zwischen Städten gesehen, "wobei regionale Austauschbeziehungen unterschiedlicher räumlicher Reichweite zu berücksichtigen sind.

Durch Städtenetze können sowohl benachbarte als auch voneinander getrennt liegende Stadtregionen mit gemeinsamen, teilweise aber auch unterschiedlichen Standortmerkmalen miteinander verbunden werden. Hierdurch können zusätzliche Regional- und Standorteffekte erschlossen und Ressourcen gemeinsam genutzt werden" (MKRO 1993, S. 8).

Der Raumordnungspolitische Handlungsrahmen formuliert in seinem Schwerpunkt 3 "Städtenetze": "Städtenetze sind keine neue Planungsebene, sondern auf der Grundlage des bewährten Zentrale-Orte-Systems ein dynamisches Instrument zur Bewältigung neuer raumwirksamer Problemstellungen. Die Freiwilligkeit der Zusammenarbeit in Städtenetzen ist dabei das ausschlaggebende Charakteristikum, die Akzeptanz auf kommunaler Ebene unabdingbar.

Eine Ergänzung des bisherigen raumordnerischen Instrumentariums ist erforderlich, um flexibler und umsetzungsorientiert auf die aktuellen kommunalpolitischen wie auch landesplanerisch-raumordnerischen Aufgaben reagieren zu können: Die erhöhte Standortkonkurrenz erzwingt ebenso wie bestimmte Sachzwänge - etwa im Verkehrsbereich und im Flächenmanagement - überkommunale Handlungsansätze. (...)

Die Vernetzung von Städten hat zwei wesentliche Aufgaben:

- Sicherung der Konkurrenzfähigkeit des Standorts Deutschland und seiner Regionen, etwa durch Schaffung leistungsfähiger Gegengewichte zu den großen Metropolen der Europäischen Union sowie
- Gewährleistung der Funktionsfähigkeit im Innern, z.B. Arbeitsteilung bei der Bereitstellung raumbedeutsamer Infrastruktur oder Abstimmung bei der Bereitstellung von Bauland.

Der Ausbau städtischer und regionaler Vernetzung soll aus raumordnerischer Sicht zudem zu einer Stärkung der dezentralen Siedlungsstruktur in Deutschland beitragen: Das bewährte Zentrale-Orte-System wird dabei nicht in Frage gestellt, sondern durch Erweiterung der Möglichkeiten zu interkommunaler Zusammenarbeit flexibler und stärker auf Umsetzung ausgestaltet.

Das raumordnerische Interesse an städtischer und regionaler Vernetzung besteht zusammenfassend darin, durch verbesserte und intensivierte interkommunale Abstimmung regionale Entwicklungsprozesse in Gang zu setzen bzw. zu unterstützen. Das Gegenstromprinzip als zentrales raumordnerisches Prinzip erfährt hierdurch einen erheblichen Bedeutungsgewinn: Vernetzung wird nur dann erfolgreich sein können, wenn sie 'von unten', von den Kommunen getragen und zugleich in landesplanerische Vorstellungen eingepaßt und von den Ländern unterstützt wird. Städtenetze tragen insoweit zu einer Neubelebung und positiven Entwicklung des Verhältnisses zwischen Kommunen und Raumordnung bei" (BMBau 1995, S. 14).

In diesem regionalen Maßstab kann das eingangs erwähnte Bergische Städtedreieck als Beispiel regionaler Vernetzung angesehen werden [6]. Mit der Zielrichtung, vergleichbare regionale Netzwerke zu motivieren und zu unterstützen, eventuell auch zu initiieren, hat das Bundesministerium für Raumordnung, Bauwesen und Städtebau 1994 ein neues Forschungsfeld "Städtenetze" im Rahmen des Experimentellen Wohnungs- und Städtebaus eingerichtet [7].

Kritik und Perspektiven

Die raumordnerische Diskussion über die Einschätzung dieses neuen Ansatzes verläuft durchaus kontrovers: So wird eine zu starke Konzentration der Raumordnungspolitik auf große Städte (Metropolenpolitik) und eine Vernachlässigung des ländlich geprägten Raumes befürchtet. Stiens (1995, S. 178) sieht über diese Befürchtungen hinsichtlich der "Netzmaschen" hinaus geradezu einen Widerspruch zwischen der Forderung nach einer Stärkung der Region einerseits und der Vernetzung regionaler Potentiale andererseits. Zumindest mit Blick auf die EXWOST-Modellregionen können diese Befürchtungen zu starker Großstadtlastigkeit und mangelnden Regionsbezuges aber wohl kaum bestätigt werden [8].

Beklagt wird des weiteren die mangelnde inhaltliche und instrumentelle Bestimmtheit des Begriffes "Städtenetze": So weist Geyer (1994, S. 75) darauf hin, daß die "konzeptionelle und methodische Integration in übergreifende raumordnungspolitische Strategien noch weitgehend ungeklärt ist."

Gegenüber solcher Kritik aus Planungstheorie und -praxis ist hingegen auf die auf kommunaler Ebene offenkundig gegebene Akzeptanz des neuen Ansatzes und – darüber vermittelt – die Möglichkeiten eines neuen Zusammenspiels mit Regional- und Landesplanung zu verweisen, das in der Vergangenheit nicht immer ungetrübt war. Städtenetze bieten Möglichkeiten, das bestehende flächendeckende System der Landes- und Regionalplanung, das eher die ordnend-statische Dimension von Raumordnung repräsentiert, um flexiblere und dynamischere Elemente zu ergänzen. Städtenetze können somit auch im Kontext des allgemeinen Wandels von einer Raumordnungspolitik zu einer aktiveren Raumentwicklungspolitik gesehen werden [9].

Folgen für Kommunalverwaltung und Kommunalpolitik

Städtische und regionale Vernetzung haben zwangsläufig Auswirkungen auf Verwaltung und Politik der an einem solchen Netz beteiligten Kommunen. Dies gilt sowohl für die "Vorphase" der Netzbildung, also die Phase der Abwägung der jeweiligen kommunalen Interessen im Blick auf die Frage, ob überkommunale Zusammenarbeit "sich unterm Strich rechnet". Dies gilt aber auch für die Phase der eigentlichen Kooperation, wenn nämlich der Grad der regionalen Transparenz einzelkommunaler Ziele und Interessen ständig neu bestimmt und austariert werden muß.

Im Hinblick auf das Innovationspotential städtischer und regionaler Vernetzung für Kommunalpolitik und -verwaltung sind vor allem drei Aspekte hervorzuheben, die im folgenden näher diskutiert werden sollen:
- Vernetzung als Prozeßinnovation
- Gleichzeitigkeit von Konkurrenz und Kooperation
- Projektorientierung

Vernetzung als Prozeßinnovation

Regionale Vernetzung ist hier als raumordnerische Strategie zur Erhaltung und Weiterentwickung einer als leistungsfähig angesehenen dezentralen Raum- und Siedlungsstruktur eingeführt worden. Es wäre ein völliges Mißverständnis der Funktionen von Raumordnung im föderalen Staatsaufbau der Bundesrepublik - und zudem fernab jeglicher Realisierbarkeit -, wenn die angestrebte Vernetzung quasi von oben herab angeordnet werden sollte. Regionale Vernetzung braucht vielmehr als unabdingbar notwendige Voraussetzung die einzelkommunale Bereitschaft zur überkommunalen Zusammenarbeit. Diese wiederum ist nicht stets von vornherein gegeben, das einzelkommunale Kosten-Nutzen-Verhältnis muß zunächst erst mal bestimmt werden.

Die Ausbildung und Entwicklung eines regionalen Netzes ist insofern als Prozeß zu sehen, der in vielfältiger Wechselbeziehung zu den Zielen und Handlungen der beteiligten Kommunen steht. Eine wichtige Voraussetzung für den Erfolg eines solchen Prozesses ist das Vorhandensein regionaler Promotoren [10], also von Personen oder Institutionen, die das regionale Interesse ebenso verkörpern wie vorantreiben [11].

Notwendig ist darüber hinaus aber auch eine breite innerkommunale Verankerung, d.h. insbesondere eine Einbeziehung gesellschaftlicher und vor allem wirtschaftlicher Organisationen. So stellen bspw. die Industrie- und Handwerkskammern wichtige Multiplikatoren und Interessenträger regionaler Zusammenarbeit dar [12].

Gleichzeitigkeit von Konkurrenz und Kooperation

Der Prozeßcharakter regionaler Vernetzung zeigt sich aber nicht nur in dieser Längsschnittbetrachtung, sondern auch in einer Querschnittbetrachtung der verschiedenen Politikbereiche, die Bestandteil oder eben nicht Bestandteil der Vernetzung sind. Städtische und regionale Netze sind keine allumfassend angelegten überkommunalen Problemlösungsveranstaltungen, sie sind vielmehr sektorale - und zudem meist zeitlich begrenzte - Interessengemeinschaften mit räumlichem Bezug. Am Beispiel der ExWoSt- Modellregion "Städtenetz EXPO 2000" läßt sich dies plastisch machen: Ziel dieses Städtenetzes ist die regionale Einbettung der EXPO 2000 und die Etablierung einer regionalen Zusammenarbeit auch über die EXPO hinaus. Sowohl in der zeitlichen Längsschnittperspektive als auch im Hinblick auf die verschiedenen kommunal relevanten Aufgabenfelder wird die Art und Intensität dieser regionalen Vernetzung variieren.

So wird das allgemeine Wirtschaftsförderungs- und Gewerbeakquisitionsinteresse der einzelnen Kommunen weiterhin konkurrenzorientiert sein und weitgehend losgelöst von den gemeinsam regional verfolgten Themen.

Regionale Vernetzungen sind insofern durch die Gleichzeitigkeit von Kooperation und Konkurrenz geprägt, eine Situation, für die der von Giersch geprägte Begriff der "Koop-Kurrenz" [13] zutreffend erscheint. Aus raumordnerischer Sicht ist dabei vor allem von Interesse, welche raumrelevanten Politikbereiche überhaupt "kooperationsfähig" sind, welche tendenziell eher konfliktlastig sind und wie sich die jeweiligen Wechsel- und Rückwirkungen zwischen "vernetzten" und "nicht vernetzten" Politikbereichen darstellen.

Kooperation und Projektorientierung

Die Gleichzeitigkeit von Kooperation und Konkurrenz als Merkmal regionaler Vernetzung verweist zugleich auf ein weiteres Wesensmerkmal: die thematische Eingrenzung auf einzelne Politikfelder und die damit gegebene ausgeprägte Projektorientierung. Projektorientierung bedeutet in diesem Zusammenhang die bewußte Abkehr von allumfassenden regionalen Problemlösungsansätzen und die Konzentration auf solche Politikbereiche und Projekte, die einen besonders hohen regionalen (und überregionalen) Signalwert haben. Die Orientierung auf konkrete und meist "mediengerechte" Projekte wird teilweise aber auch eher kritisch bewertet, da durch die räumliche und zeitliche Konzentration eine (zu) kurzfristige Perspektive vorherrsche und allenfalls "Oaseneffekte" erwartet werden [14]. Andererseits sind entsprechende neue Politikformen auch als "Konsequenz von veränderten Umweltbedingungen der regionalen und lokalen Politik [15] zu sehen und insofern in gewisser Weise sachnotwendig. So zwangsläufig diese Orientierung also — und mit ihr die Tendenz zur Ausgliederung wichtiger kommunaler Aufgaben und zur Zunahme von Aushandlungsprozessen zwischen öffentlichen und privatem Sektor — auch sein mag: die Problematik, die mit diesen Tendenzen verbunden ist und auf die Häußermann/Siebel (1994, S. 38) hinweisen, ist gleichwohl nicht gering zu schätzen. Kommunales Handeln droht durch einen möglichen vierfachen Verlust — der Perspektive, der Steuerung, der Kontrolle und der Marktdistanz — "immer weniger in der Lage (zu) sein, präventiv negative Effekte zu verhindern. Im unternehmerischen Handeln werden soziale Zielsetzungen zurückgestuft zu Randbedingungen ..." [16].

Städtische und regionale Vernetzung im hier beschriebenen raumordnerischen Verständnis kann diese Gefahr dann vermeiden (oder zumindest vermindern), wenn es gelingt, die mit der Vernetzung einhergehende Kooperation vor allem als eine kommunal getragene Zusammenarbeit zu etablieren, d.h. die sicherlich notwendige Zusammenarbeit mit gesellschaftlichen und wirtschaftlichen Institutionen als Randbedingung, nicht aber als Kern der Vernetzung zu sehen [17].

Das eingangs hervorgehobene raumordnerische Interesse an städtischer und regionaler Vernetzung, nämlich die Erhaltung und Weiterentwicklung der dezentralen Raum- und Siedlungsstruktur, zielt genau in diese Richtung: Anzustreben ist nicht eine Auflösung bestehender kommunaler Verantwortlichkeiten, sondern eine Verbesserung der funktionsteilig wahrnehmbaren und/oder überkommunal besser repräsentierbaren kommunalen Aufgabenfelder.

Fazit: Innovation durch regionale Zusammenarbeit

Kommunalverwaltung und Kommunalpolitik [18] stehen seit längerem vor der Herausforderung ihrer eigenen Modernisierung. Eine solche Modernisierung wird häufig als notwendig angesehen, da der traditionelle bürokratische Steuerungsansatz kommunalen Handelns zu wenig den geänderten gesellschaftlichen und vor allem wirtschaftlichen Rahmenbedingungen entspricht. Gefordert wird daher ein sehr viel stärker marktorientiertes Steuerungsmodell, gefordert wird das "Unternehmen Stadt" [19]. Nach einer anfänglichen, etwas übertriebenen Euphorie hinsichtlich der Möglichkeiten eines neuen Steuerungsmodells erscheint die derzeitige Diskussion sachorientierter auf der Suche nach Lösungen des Dilemmas zwischen allzu großer Marktnähe (und damit verbundenen Legitimationsdefiziten) und allzu großer Beharrung in traditionellem Verhalten [20].

Regionale Zusammenarbeit – Vernetzung im raumordnerischen Sinne – kann sicherlich nicht allein zur Überwindung dieses Dilemmas führen, wohl aber einen spezifischen Beitrag dazu leisten: Die funktionsgerechte Verteilung von regional bedeutsamen Entwicklungspotentialen durch regionale Vernetzung kann zur jeweils lokal wirksam werdenden Entlastung kommunaler Politik führen. Ebenso können sich regional wirksam werdende Vorteile und Erfolge der Vernetzung für die einzelnen beteiligten Kommunen positiv auswirken.

Städtenetze, als eine Form verstärkter innerregionaler Zusammenarbeit, wirken sich zugleich auch positiv auf raumordnerische Ansätze aus: "Eine Politik mit Netzen setzt allerdings voraus, daß die raumordnerische Regionalplanung ihr gewohntes Aufgabenverständnis, das auf verfestigte Pläne und deren ordnungsrechtliche Durchsetzung mit Geboten und Verboten abhebt, differenziert. Mehr denn je kommt es darauf an, Entwicklungsprozesse nicht nur aufzunehmen und in Pläne zu gießen, sondern Entwicklungsprozesse selbst anzuregen, zu moderieren und weiterzutreiben" (Ritter 1995, S. 399). Städtenetze stellen somit sowohl für die beteiligten Städte als auch für die "klassische" Raumordnung eine erhebliche Herausforderung an die eigene Innovationsfähigkeit und Bereitschaft zur Flexibilität dar.

Anmerkungen

Für die kritische Lektüre einer für den Arbeitskreis "Lokale Politikforschung" der Deutschen Vereinigung für Politische Wissenschaft erstellten ersten Fassung danke ich Brigitte Adam, Eleonore Irmen, Günter Tittel und Claus-Christian Wiegandt.

1   Vgl. als neueren Überblick aus geographischer Sicht: Danielzyk/Oßenbrügge (1993).

2	Es handelt sich vielmehr um "Begriffe, deren politische Strahlkraft in den letzten zwei Jahrzehnten zwar stetig stärker geworden ist, die aber gleichwohl noch keinen scharfen Begriffsinhalt haben, sondern in oft schillernder Bedeutung und in unterschiedlichen Sinnzusammenhängen verwandt werden" (Ritter u.a. 1994, S. 99).
3	Zur damit einhergehenden "Pervertierung" des Regionalbegriffs am Beispiel des 17-Millionen-Landes Nordrhein-Westfalen: Lange in: Seibel/Benz/Mäding 1993.
4	Vgl. das "Abkommen über die Entsendung der Mitglieder und Stellvertreter in den Ausschuß der Regionen der Europäischen Gemeinschaft". MBl. NRW Nr. 60 vom 28.9.1993, S. 1550.
5	Zur historischen Genese: Blotevogel 1994; das Selbst- und Fremdverständnis des Ruhrgebiets thematisierend: Aring u.a. 1989.
6	Vgl. Schneider 1993, "Das Bergische Städtedreieck" 1992 sowie den Beitrag von Adam in diesem Band.
7	Vgl. hierzu den Beitrag von Fahrenkrug in diesem Band.
8	Neun der insgesamt elf Modellvorhaben liegen in eher ländlich geprägten Raum.
9	In der nationalen Diskussion wird dies nicht zuletzt in der zunehmenden Bedeutung von Regionalen Entwicklungskonzepten (ebenfalls ein Schwerpunkt des Raumordnungspolitischen Handlungsrahmens) deutlich. In der Diskussion um eine europäische Raumordnungspolitik wird – angesichts der sehr unterschiedlichen Begriffsinhalte in den einzelnen Staaten – der Terminus "Raumentwicklungspolitik" als pragmatische Kompromißposition verstanden (vgl. hierzu ARL 1995).
10	Schneider (1993, S. 4) nennt dies anschaulich "Kümmerer".
11	Vgl. auch Fürst (1993, S. 558), der darauf hinweist, "daß die Leistungsfähigkeit von Netzwerken zum einen stark personenabhängig ist (weil der institutionelle Steuerungsrahmen weniger relevant ist) und zweitens in hohem Maße situations- und kontextabhängig modifiziert wird."
12	Vgl. Kruse 1990 und "Das Bergische Städtedreieck" 1992.
13	Giersch (1994): "Kooperation im Team ... als Kern, Konkurrenz als Randbedingung, die dafür sorgt, daß der Monopolist nicht einschläft, das Team nicht zur Sekte degeneriert und die strategische Allianz, statt zur Elefantenhochzeit zu führen, wirklich nur eine Partnerschaft auf Zeit bleibt."
14	Zu dieser Befürchtung und zum Begriff: Häußermann/Siebel (1994, S. 38).
15	Häußermann/Siebel (1994, S. 33); "Mit der Orientierung auf Projekte reagiert die Stadt- und Regionalpolitik auf den ökonomischen Strukturwandel ... und auf den sozialstrukturellen Wandel, der es immer schwieriger macht, stabile Mehrheiten für eine regulative Politik zu finden."
16	Häußermann/Siebel (1994, S. 43); kritisch auch Mäding 1992 und 1994.
17	Ähnlich Fürst (1993, S. 559) aus steuerungstheoretischer Perspektive: "Je mehr man auf Netzwerke setzt, um das innovative 'problem solving' zu verbessern, um so mehr wird man wohl komplementär auf hierarchische Konfliktregelungsmuster zurückgreifen müssen."
18	Die Unterscheidung zwischen Politik und Verwaltung ist gerade auf kommunaler Ebene nur schwer durchzuhalten, so daß die Begriffe häufig unscharf ineinander übergehen. Sinnvoller ist daher ein entsprechend breites Verständnis von (Kommunal-)Verwaltung, wie es in dem – zugegebenermaßen unschönen – Begriff des politisch-administrativen Systems Verwendung findet (vgl. FN 1 in Mäding 1992, S. 207).
19	Zur Diskussion vgl. Häußermann/Siebel 1994; Wollmann 1994; Banner/Reichard 1993; Mäding 1992.
20	Hierzu Mäding (1992, S. 218): "Wenn die Verwaltung sich zu wenig auf die spezifischen Rationalitäten der Systeme einstellt, die sie beeinflussen will, hier also: der Marktwirtschaft, wird ihre Effektivität leiden. Tut sie es zu stark, dann findet ein disparater schleichender Funktionswandel der Teilverwaltungen statt, dann ist zunächst die Einheitlichkeit der Verwaltung gefährdet. Dies droht die Verwaltungsführung zu überfordern. Schließlich entstehen aber auch Gefahren für die demokratische Legitimation des öffentlichen Handelns."

Literatur

Aring, J., B. Butzin, R. Danielzyk, I. Helbrecht (1989): Krisenregion Ruhrgebiet? Alltag, Strukturwandel und Planung. Oldenburg (=Wahrnehmungsgeographische Studien zur Regionalentwicklung 8).

ARL: Akademie für Raumforschung und Landesplanung (1995): Europäische Raumentwicklungspolitik. Rechtliche Verankerung im Vertrag über die Europäische Union. Positionspapier. Hannover.

Banner, G., C. Reichard (Hrsg.) (1993): Kommunale Managementkonzepte in Europa. Anregungen für die deutsche Reformdiskussion. Köln.

Baumheier, R. (1994): Städtenetze – Raumordnungspolitische Ziele und Anforderungen an den weiteren Ausbau städtischer und regionaler Vernetzung. In: Raumforschung und Raumordnung 52, S. 383–391.

Blotevogel, H. H. (1993): Vom Kohlenrevier zur Region? Anfänge regionaler Identitätsbildung im Ruhrgebiet. In: Dürr, H., J. Gramke (Hrsg.): Erneuerung des Ruhrgebiets. Regionales Erbe und Gestaltung für die Zukunft. Paderborn, S. 47–52 (=Bochumer Geographische Arbeiten 58).

BMBau: Bundesministerium für Raumordnung, Bauwesen und Städtebau (Hrsg.) (1993): Raumordnungspolitischer Orientierungsrahmen. Bonn.

BMBau: Bundesministerium für Raumordnung, Bauwesen und Städtebau (Hrsg.) (1995): Raumordnungspolitischer Handlungsrahmen. Beschluß der Ministerkonferenz für Raumordnung in Düsseldorf am 8. März 1995. Bonn.

Danielzyk, R., J. Oßenbrügge (1993): Perspektiven geographischer Regionalforschung. "Locality Studies" und regulationstheoretische Ansätze. In: Geographische Rundschau 45, S. 210–216.

Die Oberstadtdirektoren der Städte Remscheid, Solingen und Wuppertal (Hrsg.) (1992): Das Bergische Städtedreieck Wuppertal–Solingen–Remscheid. Werkstattregion Europas im Grünen. Regionales Entwicklungskonzept. Wuppertal.

Brake, K., W. Müller, F. Niemeyer, J. Knieling, C. Schmidt. (1995): Städtenetze – Vernetzungspotentiale und Vernetzungskonzepte. Endbericht des Forschungsinstituts Region und Umwelt an der Carl von Ossietzky Universität Oldenburg GmbH zu einem Forschungsprojekt im Auftrag des Bundesministeriums für Raumordnung, Bauwesen und Städtebau sowie der Bundesforschungsanstalt für Landeskunde und Raumordnung. Oldenburg.

Fürst, D. (1993): Von der Regionalplanung zum Regionalmanagement? Die öffentliche Verwaltung 46, S. 552ff.

Geyer, T. (1994): Städtenetze – ein neues Instrument der Regional- und Landesplanung ? In: Raum- und Umweltplanung im Wandel. Festschrift für Hans Kistenmacher. Kaiserslautern, S. 73ff.

Giersch, H. (1994): Kern und Rand in der spontanen Ordnung. Thünens Fläche, das Prinzip Offenheit und die Motorik der westlichen Zivilisation. In: FAZ v. 21.5.1994, S. 13.

Häußermann, H., W. Siebel (1994): Neue Formen der Stadt- und Regionalpolitik. In: Archiv für Kommunalwissenschaften, S. 32–45.

Kruse, H. (1990): Reform durch Regionalisierung. Eine politische Antwort auf die Umstrukturierung der Wirtschaft. Frankfurt/New York.

Mäding, H. (Hrsg.) (1994): Stadtperspektiven. Berlin.

Mäding, H. (1992): Verwaltung im Wettbewerb der Regionen. In: Archiv für Kommunalwissenschaften, S. 205ff.

Ritter, E.-H. (1995): Raumpolitik mit Städtenetzen oder: Regionale Politik der verschiedenen Ebenen. In: Die öffentliche Verwaltung 48, S. 393–408.

Ritter, E.-H. u.a. (1993): Regionalisierung: Hintergründe, Bewertungen und Folgerungen für die Raumordnungspolitik. In: ARL (Hrsg.): Raumordnungspolitik in Deutschland. Wissenschaftliche Plenarsitzung. Hannover, S. 99ff.

MKRO: Ministerkonferenz für Raumordnung (1993): Positionspapier der Arbeitsgruppe "Raum- und Siedlungsstruktur" des Hauptausschusses der MKRO. Düsseldorf.

Schneider, R. (1993): (Städte)Netze. Stichworte zum Thema. Statement zum BMBau/BfLR-Expertengespräch "Städtenetze" (Manuskript).

Seibel, W., A. Benz, H. Mäding (1993) (Hrsg.): Verwaltungsreform und Verwaltungspolitik im Prozeß der deutschen Einigung. Baden-Baden.

Stiens, G. (1995): Die neue raumordnungspolitische Programmatik der Städtevernetzung. In: Stadt und Gemeinde, S. 174ff.

Wollmann, H. (1994): Evaluierungsansätze und -institutionen in Kommunalpolitik und -verwaltung. Stationen der Planungs- und Steuerungsdiskussion. In: Schulze-Böning, M., N. Johrendt (Hrsg.): Wirkungen kommunaler Beschäftigungspolitik. Methoden, Instrumente und Ergebnisse der Evaluation kommunaler Arbeitsmarktpolitik. Basel.

Städtenetze als Forschungsfeld im Experimentellen Wohnungs- und Städtebau des Bundesministeriums für Raumordnung, Bauwesen und Städtebau

von Katrin Fahrenkrug

Die Ressortforschung des Bundesministeriums für Raumordnung, Bauwesen und Städtebau (BMBau) im Bereich "Experimenteller Wohnungs- und Städtebau" (ExWoSt) verfolgt das Ziel, durch die Initiierung von Modellvorhaben innovative Lösungsansätze für ausgewählte Fragen der Regional- und Stadtentwicklung, des Städte- und Wohnungsbaus und damit verbundene Fragen räumlicher Entwicklung zu fördern und für die künftige Arbeit übertragbar zu machen. Mit der Begleitforschung dieses Forschungsfeldes "Städtenetze" ist das Institut Raum & Energie beauftragt.

Das neue Forschungsfeld "Städtenetze" ist als raumordnerische Aufgabenstellung aus dem von Bund und Ländern gemeinsam getragenen Raumordnungspolitischen Orientierungsrahmen (ORA) hervorgegangen (vgl. Beitrag von B. Adam in diesem Band). Betont wird der Vorteil ausgeprägter funktionaler Verflechtungen im regionalen und überregionalen Maßstab. Hier setzt das Forschungsinteresse des Bundes an:

- Ist der Ausbau städtischer Vernetzungen aus raumordnungspolitischer Sicht ein geeignetes Instrument zur Stabilisierung der Raumentwicklung?
- Sind Städtenetze aus raumordnerischer Sicht ein geeignetes Instrument zur Verbesserung regionaler und überregionaler Standortbedingungen?

In entsprechend ausgerichteten Modellvorhaben soll exemplarisch geprüft werden, ob Leitvorstellungen und Ziele der Raumordnung durch Städtenetze befördert werden können und welche Zuschnitte, Inhalte und Organisationsformen dafür geeignet sind. Dabei soll und kann es im Forschungsfeld nicht darum gehen, gewissermaßen am Reißbrett Städtenetze zu konstruieren, sondern vorhandene Ansätze zu nutzen und weiterzuentwickeln.

Die Motive und Ausrichtung regionaler Kooperationen können sehr unterschiedlich sein. Zu erwarten sind in erster Linie folgende Wirkungen der Vernetzung:

- bessere Kooperation der Städte,
- bessere Entfaltung der Standortvorteile von Stadtregionen,
- bessere Nutzung der großräumigen Infrastruktur,
- Entwicklungsimpulse über die engeren Regionalgrenzen hinaus. Städtenetze müssen sich dabei in das raumordnerische Gesamtsystem und die relevanten Rahmenbedingungen administrativer, fiskalischer und rechtlicher Natur integrieren können. Dies schließt die Frage nach der idealen Ausgestaltung der Schnittstellen zwischen Stadtverwaltung, Regionalplanung und Netzkoordination ein.

Hinsichtlich der Eignung des Städtenetz-Konzeptes zur Erweiterung bewährter raumordnerischer Kategorien und Planungsinstrumente sollten Städtenetze insgesamt
- bestehende Zuständigkeiten in der Raumordnung nicht tangieren;
- die kommunale Verantwortlichkeit stärken und die Kooperationsfähigkeit erhöhen;
- eine räumlich, inhaltlich und methodisch flexible Reaktion auf besondere Anforderungen zulassen;
- bewußt projekt- und handlungsorientiert sein (also kein Ersatz rahmensetzender Regionalplanung, sondern Umsetzung der in diesem Rahmen zu erfüllenden Aufgaben).

Aufgaben und Organisation der Begleitforschung

Das BMBau hat Raum & Energie, Institut für Wirtschafts-, Regional- und Energieberatung GmbH, Hamburg, mit der Begleitforschung zu den Modellvorhaben beauftragt. Das Institut Raum & Energie soll gemeinsam mit der Bundesforschungsanstalt für Landeskunde und Raumordnung (BfLR) die jeweiligen Modellvorhaben begleitend beobachten und auswerten (vgl. Abb. 1).

Dabei werden die Modellvorhaben nicht nur mit dem Ziel laufender und abschließender Evaluation begleitet, sondern die Begleitforschung soll sich auf die Modellvorhaben als dynamischen Prozeß durch Moderation, Information, Beratung und Erfahrungsaustausch selbst einlassen und zur Entwicklung und zum Gelingen der Modellvorhaben aktiv beitragen. Dies gilt in besonderem Maße auch für die Projektforscher, die im Rahmen des ExWoSt jedem Modellvorhaben zur Seite stehen und denen gerade in der Anfangsphase des Forschungsfeldes als Impulsgeber oder Berater eine ganz zentrale Rolle zukommt.

Auswahl der elf Modellvorhaben

In enger Abstimmung zwischen dem BMBau und dem Institut Raum & Energie wurden im Herbst 1994 aus der Vielzahl eingereichter Vorschläge elf Modellvorhaben ausgewählt, die hinsichtlich ihrer Ausgangsbedingungen, ihrer räumlichen Ausrichtung, ihrer Organisation ebenso unterschiedlich strukturiert sind wie hinsichtlich der

Experimenteller Wohnungs- und Städtebau

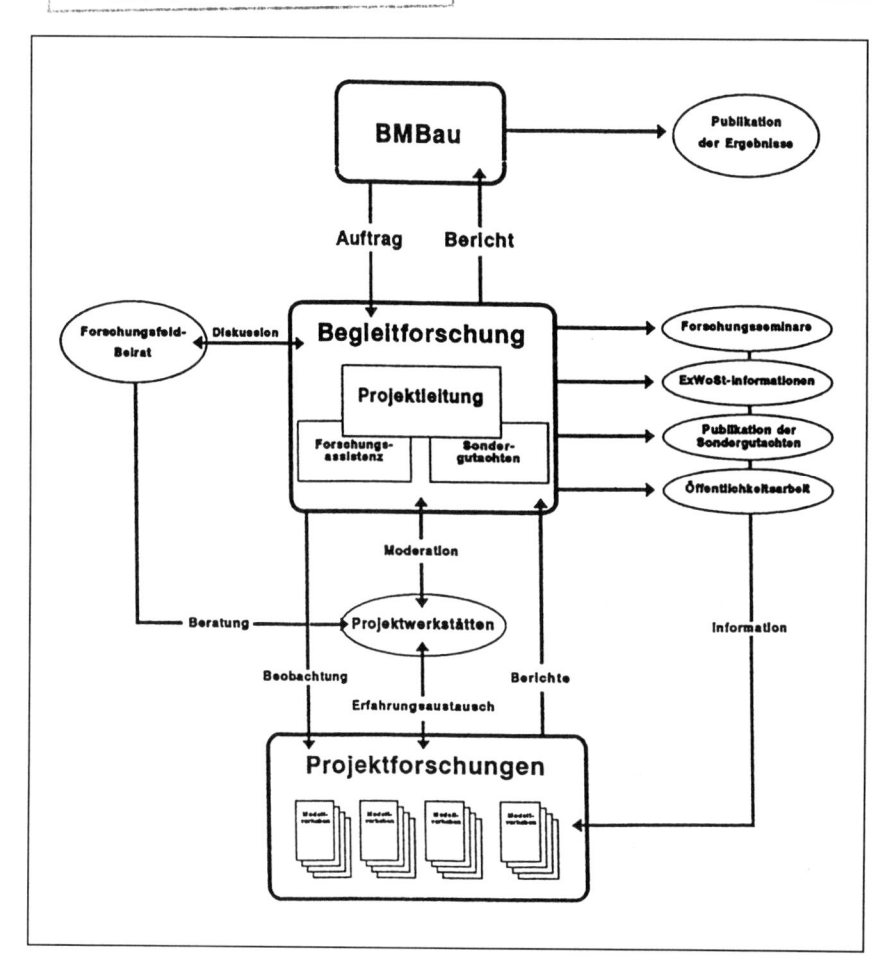

Abbildung 1: *Organisation des ExWoSt-Forschungsfeldes "Städtenetze"*

Anzahl und Größe der kooperierenden Städte oder der beteiligten Akteure (vgl. Abb. 2). Einbezogen wurden
- grenzüberschreitende Netze (z.B. ANKE),
- Netze in ländlichen Räumen (z.B. Prignitz) oder
- Netze mit sehr unterschiedlich strukturierten Partnern (z.B. K.E.R.N.).

Der Startschuß mit Bewilligung der Fördermittel fiel für die letzten fünf Modellvorhaben im Spätsommer 1995.

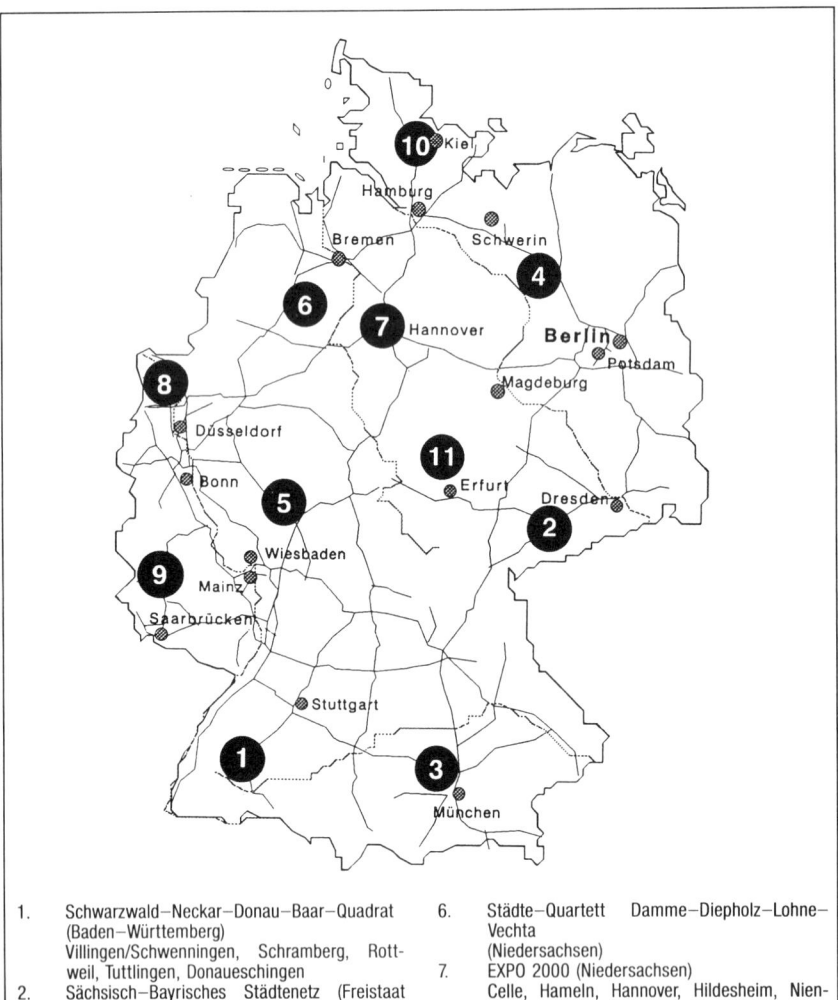

1. Schwarzwald–Neckar–Donau–Baar–Quadrat (Baden–Württemberg)
   Villingen/Schwenningen, Schramberg, Rottweil, Tuttlingen, Donaueschingen
2. Sächsisch–Bayrisches Städtenetz (Freistaat Sachsen, Freistaat Bayern)
   Bayreuith, Hof, Plauen, Zwickau, Chemnitz
3. MAI. (Freistaat Bayern)
   München, Augsburg, Ingolstadt
4. Prignitz (Brandenburg)
   Kyritz, Perleberg, Pritzwalk, Wittenberge, Wittstock, Lenzen, Bad Wilsnack
5. Lahn–Sieg–Dill (Hessen, Nordrhein-Westfalen, Rheinland–Pfalz)
   Gießen, Marburg, Wetzlar, Herborn, Haiger, Dillenburg, Betzdorf, Siegen
6. Städte–Quartett Damme–Diepholz–Lohne–Vechta (Niedersachsen)
7. EXPO 2000 (Niedersachsen)
   Celle, Hameln, Hannover, Hildesheim, Nienburg
8. ANKE (Nordrhein–Westfalen)
   Arnhem, Nijmegen, Kleve, Emmerich
9. Region Trier (Rheinland–Pfalz)
   Trier, Bitburg, Wittlich, Hermeskeil, Luxemburg
10. K.E.R.N. (Schleswig–Holstein)
    Kiel, Eckernförde, Rendsburg, Neumünster
11. SEHN (Thüringen)
    Mühlhausen, Worbis/Leinefelde, Nordhausen, Sondershausen

Abbildung 2: *Die elf Modellvorhaben des ExWoSt–Forschungsfeldes "Städtenetze"*

Was haben diese Netze gemeinsam? Von den Auswahlkriterien seien hier beispielhaft vier aufgeführt:

- Freiwilligkeit
  Der Erfolg der regionalen Städtenetze hängt entscheidend von dem Engagement der beteiligten Städte ab: Die Kooperation muß von den Netzpartnern gewollt sein und von den örtlichen Akteuren getragen werden. Dies schließt nicht aus, daß die Initiative "von oben" kommt.
- Gleichberechtigung
  Die Städte kooperieren im Städtenetz gleichberechtigt.
- Konkrete Handlungsfelder
  Im Interesse des Forschungsfeldes müssen konkrete, raumbedeutsame Handlungsfelder mit umsetzungsorientierten Zielsetzungen in Angriff genommen werden. Aufgabenstellung und Vorbereitungsstand der einzelnen Städtenetze müssen sichtbare Ergebnisse innerhalb der knapp dreijährigen Laufzeit des Forschungsvorhabens erwarten lassen.
- Unterstützung durch die Landesplanungen
  Unabdingbare Anforderungen an jedes potentielle Modellvorhaben sind die uneingeschränkte Unterstützung und wohlwollende Begleitung durch die jeweiligen Landesplanungen.

Zielsetzung des Forschungsfeldes

Dem Forschungsvorhaben liegt die Annahme zugrunde, daß eine langfristige planerische und umsetzungsorientierte Zusammenarbeit zwischen Städten in Bereichen wie Wirtschaft, Verkehr, Städtebau, Umwelt oder Kultur zu Impulsen, Synergie- und Ausgleichseffekten sowie einer Optimierung des Ressourceneinsatzes für einzelne Kooperationspartner und die Region insgesamt führt.

Das zentrale Anliegen des Forschungsfelds kann nicht der Nachweis sein, daß Städtenetze bestimmter räumlicher Konfiguration ein "besseres" raumplanerisches Organisationsmuster bilden. Vielmehr lautet die Leitfrage, mit welchen Organisationsformen sich raumbedeutsame Planungen und Maßnahmen in einer planerischen Kooperation mehrerer Gebietskörperschaften so gestalten lassen, daß dadurch
- flexibel auf wechselnde Anforderungen reagiert werden kann,
- komplexe Projektaufgaben prozessual und konfliktminimierend so gesteuert werden können, daß Verantwortlichkeiten gewahrt und übergreifende Leitvorstellungen beachtet werden und
- regionale Standortbedingungen verbessert werden.

Städtenetze sollen als Möglichkeit untersucht werden, die Raumordnung um ein aktiv-dynamisches Element zu bereichern. Dabei impliziert die Untersuchung von Städtenetzen innovative Ansätze der Koordination und Kooperation, die über bestehende Formen interkommunaler Zusammenarbeit (z.B. Zweckverband) hinausgehen.

Festgefügte, traditionelle Städteverbindungen sind folglich als Forschungsobjekte kaum geeignet. Auf der anderen Seite gestattet es der vorgegebene Zeitrahmen für das Forschungsfeld nicht, solche Städtevernetzungen zu berücksichtigen, die nicht zumindest in ersten Konturen erkennbar sind.

Durch wissenschaftliche Begleitung und Analyse ausgewählter Modellvorhaben sollen im Rahmen des Forschungsfeldes
- bestehende Vernetzungen dargestellt werden;
- Möglichkeiten der Initiierung neuer Städtenetze erarbeitet werden;
- die Leistungsfähigkeit von Städtenetzen ermittelt und dargestellt werden;
- Wirkungsmechanismen identifiziert und analysiert werden, die zu Synergieeffekten der Vernetzung führen;
- Erkenntnisse für mittel- und langfristige Strategien vernetzter Regionalentwicklung gewonnen werden, die als Voraussetzung für die Ermittlung "optimaler Vernetzungsgrade" von Städten zu betrachten sind;
- Instrumente zur kontinuierlichen Zusammenarbeit von Städten als Ergänzung des bestehenden raumordnerischen Instrumentariums untersucht werden.

Die Begleitforschung muß Verfahren und Indikatoren entwickeln, um die intendierten Wirkungen im Rahmen der Modellvorhaben konzeptionell und empirisch erfassen und bewerten zu können.

Erste Ergebnisse aus dem Forschungsfeld

Eine Beantwortung der Forschungsfragen ist nach der kurzen Laufzeit der Modellvorhaben noch nicht möglich. Erste Aussagen zu ausgewählten Forschungsleitfragen sollen dennoch getroffen werden. Auf vier der ingesamt achtzehn Forschungsleitfragen soll in diesem Zusammenhang kurz eingegangen werden.

Welche Voraussetzungen und Motive sind für den Aufbau von Städtenetzen entscheidend?

Die Bildung eines Städtenetzes kann aus verschiedenen Gründen erfolgen. Motive der Vernetzung können zum Beispiel in der Erkenntnis liegen, daß Strukturschwächen nur gemeinsam zu überwinden sind oder daß nur aus gemeinsam getragenen und initiierten Maßnahmen regionale Entwicklungsimpulse resultieren können. Ausschlaggebend kann ebenso der Wunsch sein, als "Region" erkennbar zu werden oder Stärke zu gewinnen (z.B. gegenüber der eigenen Landesregierung). Historische Beziehungen können dabei hilfreich oder auch störend sein.

Der Anstoß für die Konkretisierung der Städtevernetzung kann sowohl aus den Städten, die das Städtenetz konstituieren, kommen, als auch aus den zuständigen Landesplanungsbehörden, gewissermaßen "von oben" (z.B. Prignitz, K.E.R.N.), gegeben werden und zu tragfähigen Kooperationsstrukturen führen.

Wichtig ist offenbar, daß ein "Kooperationskonsens" auf der höchsten kommunalen Ebene gegeben ist. Hilfreich ist die Schaffung und Förderung eines gemeinsamen "Netzbewußtseins", z.b. durch eine gemeinsame Außendarstellung/gemeinsames Logo. Eigeninteressen einzelner Städte sollten die Kooperation nicht dominieren. Um die Unterstützung weiterer, auch aus anderen Verwaltungen und nicht-staatlichen Institutionen stammender Akteure zu gewinnen, ist eine frühzeitige Sensibilisierung für den Netzgedanken und die Notwendigkeit der Eigeninitiative zu empfehlen.

Die Wirksamkeit des Städtenetzes wird dabei entscheidend davon abhängen, daß die Städte von der Zusammenarbeit profitieren. Daraus folgt die Notwendigkeit, handlungsorientiert vorzugehen und Maßnahmen vorzusehen, deren Umsetzbarkeit hinsichtlich politischer Konsensfähigkeit und Finanzierbarkeit möglich ist.

Die Motivation zur praktischen Zusammenarbeit dürfte nicht nur in der Initiierungsphase der Zusammenarbeit erforderlich sein, sondern bleibt auch zur Aufrechterhaltung und Stabilisierung des Kooperationsprozesses wichtig. Gegenwärtig kann noch nicht beurteilt werden, ob und wie zusätzliche Anreize beispielsweise in Form eines Bonussystems für Landesförderungen, geschaffen bzw. entwickelt werden sollten.

Welche speziellen Maßnahmen und Handlungsbereiche sind in besonderem Maße als Ansatzpunkt für eine interkommunale Kooperation geeignet?

Auch zu dieser Frage können zum gegenwärtigen Zeitpunkt natürlich noch keine eindeutigen Antworten gegeben werden. Allenfalls Hinweise ergeben sich aus solchen Handlungs- und Themenfeldern, die von den meisten Modellvorhaben des Forschungsfelds, allerdings mit oftmals sehr unterschiedlichen Zielsetzungen, in den Mittelpunkt der Netzarbeit gestellt werden. Zum Beispiel:
- Flächenmanagement/Flächenplanung,
- Verkehr (z.B.: ÖPNV /regionale Verkehrserschließung/Verkehr und Logistik),
- Infrastruktur (z.B. gemeinsame Technologiezentren, Beseitigung infrastruktureller Defizite, Kommunikationsnetze, Energieversorgung),
- Weiterentwicklung "weicher" Standortfaktoren,
- Regionalmarketing/Standortmarketing/Wirtschaftsförderung,
- Tourismusentwicklung.

Welche Kooperationsstrukturen eignen sich besonders zur Unterstützung einer projekt- und handlungsorientierten Ausrichtung von Städtenetzen?

Der überwiegende Teil der Modellvorhaben organisiert sich zur Zeit in sog. "Kommunalen Arbeitsgemeinschaften"; also in größtmöglicher Offenheit bei minimalen gegenseitigen (vor allem finanziellen) Verpflichtungen. Dem stehen solche Modellvorhaben gegenüber (gegenwärtig handelt es sich um die Städtenetze MAI und K.E.R.N.), die ihre Zusammenarbeit gewissermaßen institutionalisiert haben und die, unter dem Dach eines eingetragenen Vereins, über eigene Mitarbeiter und Budgets verfügen. Entgegen den vorherrschenden eher informellen Netzstrukturen bieten letztere den Vorteil eines neutralen, klar abgesteckten Rahmens, in dem auch ungleiche Partner als Gleichberechtigte zusammenfinden können. Abgesehen vom äußeren Rahmen haben die Modellvorhaben unabhängig voneinander eine fast einheitliche (interne) Organisationsstruktur gebildet, an deren Spitze meist ein Lenkungsausschuß gestellt ist, der sich aus den Führungs- und Verwaltungsspitzen der beteiligten Akteure zusammensetzt. In diesem Gremium wird über die Kooperationsthemen ebenso entschieden wie über die Intensität der Zusammenarbeit oder Fragen der Ergebnisumsetzung. Die sach- und themenbezogene Arbeit vollzieht sich in aller Regel in Arbeitsgruppen und Ausschüssen, die von der Lenkungsgruppe eingesetzt werden und die sich zur Hauptsache aus Mitarbeitern mittlerer Führungsebenen (sog. "Arbeitsebene") zusammensetzen.

Welche Informations-, Motivations- und Moderationsmaßnahmen sind zur Stabilisierung und Förderung von Städtenetzen wirksam und notwendig?

Die bisherigen Erkenntnisse zu dieser Frage sind stark auf die Besonderheiten der Startphase bezogen:
- Eine starke externe Impulsgebung und Moderation (durch die Projektforschung) ist weitgehend unverzichtbar.
- Es bedarf großer Informationsanstrengungen, die Kooperationsidee den Arbeitsebenen plausibel zu machen.
- Die unvermeidlichen organisatorischen Belastungen müssen durch eine Vermittlung des zu erwartenden Nutzens erträglich gemacht werden und dürfen (gerade auch im Forschungsfeld!) nicht so sehr als "forschungsbedingt" in Erscheinung treten.

Es hat sich gezeigt, daß es gerade auf der Arbeitsebene wichtig ist, Kooperationen "zu üben" und Kooperationsformen gemeinsam zu entwickeln. Besonders geeignet sind dafür Projekte, die bald zu spürbarem Nutzen für möglichst alle Akteure führen. Die Entwicklung der Zusammenarbeit wird in der Regel beschleunigt, wenn der Problemdruck wächst. Durch die Erbringung von Moderations- und Beratungsleistungen im Rahmen des ExWoSt, insbesondere durch die Projektforscher, wurden – soviel läßt sich schon jetzt konstatieren – deutliche Impulse zur Entwicklung der Städtenetze in den elf Modellvorhaben des Forschungsfeldes gesetzt.

Städtekooperation und Regionalentwicklung über Landesgrenzen – dargestellt am Beispiel des Sächsisch-Bayerischen Städtenetzes

von Peter Jurczek, Karin Güntner und Bertram Vogel

Charakteristik des "Sächsisch-Bayerischen Städtenetzes"

Das "Sächsisch-Bayerische Städtenetz" ist eines von elf Modellprojekten des Forschungsfeldes "Städtenetze" im im Rahmen des Experimentellen Wohnungs- und Städtebaus des Bundesministeriums für Raumordnung, Bauwesen und Städtebau. Das Forschungsvorhaben erstreckt sich über einen Zeitraum von drei Jahren und wird während dieser Zeit vom Lehrstuhl für Sozial- und Wirtschaftsgeographie der Technischen Universität Chemnitz-Zwickau wissenschaftlich betreut. Die Besonderheit des Sächsisch-Bayerischen Städtenetzes besteht in der Erstreckung über die Ländergrenze zwischen den Freistaaten Sachsen und Bayern hinweg. Durch diese neue Qualität der Städteverbindung erfolgt ein Brückenschlag zwischen zwei Regionen, die vor dem Fall des Eisernen Vorhangs eine gemeinsame Vergangenheit hatten, aufeinander angewiesen waren und auch voneinander profitierten.

Das nordöstliche Oberfranken und das südwestliche Sachsen waren über Generationen geprägt durch intensiven Kontakt auf zwischenmenschlicher, wirtschaftlicher und kultureller Ebene. So bestanden z.B. zwischen vielen Betrieben der das Gebiet um Hof und Plauen im wirtschaftlichen Bereich dominierenden Textilindustrie enge Lieferbeziehungen, die Absatzmärkte damals zahlreich vorhandener regionaler Brauereien erstreckten sich in das Umland der beiden Städte. Überregionale Bedeutung hatte auf dem Textilsektor die weltbekannte Plauener Spitze, die im hochindustrialisierten Umland von Zwickau und Chemnitz ansässigen Branchen des Fahrzeug- und Maschinenbaus waren für innovative Produkte bekannt. Der Mauerbau zerschnitt neben den Waren- und Güterströmen und dem kulturellen Austausch auch zahllose Familienbande und schuf für lange Zeit eine nahezu unüberwindbare Barriere.

Lage im Raum

Eingebunden sind fünf Oberzentren mit Bevölkerungszahlen zwischen 53.000 und 280.000 Einwohnern: Auf sächsischer Seite liegen die Netzpartner Chemnitz, Zwickau und Plauen, die Städteachse findet auf bayerischer Seite ähnlich einer Perlenschnur ihre Fortführung durch die Städte Hof und Bayreuth. Damit werden insgesamt drei Planungsregionen berührt:
- auf sächsischer Seite die Regionen Chemnitz/Oberes Erzgebirge und Vogtland/Westerzgebirge,
- auf bayerischer Seite die Region Oberfranken-Ost.

Die unmittelbare Nähe des Sächsisch-Bayerischen Städtenetzes zur Tschechischen Republik ist von Bedeutung im Hinblick auf weitere grenzübergreifende Kooperationen und Entwicklungsmaßnahmen, die in Form einer Euroregion (Euregio Egrensis) im sächsisch-böhmisch-bayerischen Grenzraum bereits institutionalisiert sind.

Zielsetzung des Sächsisch-Bayerischen Städtenetzes

Intention der Städtekooperation in der angestrebten Form ist die Entwicklung von Synergie- und Ausgleichseffekten für die Partner der Vernetzung, für die Region insgesamt und über die Regionsgrenzen hinweg. Alle Erfolge und Vorteile der Kooperation zielen letztlich auf eine erhebliche Verbesserung der Lebensbedingungen für die Bevölkerung der Städte und ihrer Regionen. Die Installation eines Städtenetzes zwischen Sachsen und Bayern kann als Chance dienen, an alte Gemeinsamkeiten anzuknüpfen und durch einen Brückenschlag auf kommunaler Ebene für alle Seiten nützliche Austauschbeziehungen aufzubauen und zu festigen und damit einer zukünftigen dynamischen Entwicklung der Region Vorschub zu leisten.

Das Sächsisch-Bayerische Städtenetz zielt darauf ab, die im Anfangsstadium befindliche Zusammenarbeit der beteiligten fünf Oberzentren - insbesondere auf dem Gebiet der Infrastrukturplanung - zu intensivieren. Dadurch soll auf der einen Seite das Angebot im infrastrukturellen Bereich der kooperierenden Städte verbessert werden, zum anderen wird eine ökonomischere Aufteilung der vorhandenen Ressourcen unter den Netzpartnern angestrebt. Unter Beteiligung der fünf Netzpartner Bayreuth, Chemnitz, Hof, Plauen und Zwickau, erfolgte bereits in der Vorbereitungsphase des Städtenetzes eine Schwerpunktsetzung auf die vier inhaltlichen Arbeitsfelder
- Ausbau der Schienenverbindung, einschließlich Vernetzung an den Städteknoten mit ÖPNV,
- Kooperation kultureller Einrichtungen,
- Gemeinsame Förderung des Städtetourismus,
- Telekommunikative Vernetzung öffentlicher und privater Einrichtungen.

Methodische Aspekte, Organisation und Ablauf der Kooperation

Die methodische Vorgehensweise muß sich an den unterschiedlichen Gegebenheiten innerhalb der vier Arbeitsfelder orientieren. Dementsprechend erstreckt sich die Bandbreite der aktuellen und anvisierten weiteren Vorgehensweise vom traditionellen Element der Strukturanalyse zur Erhebung von relevanten Grunddaten und dem anschließenden Erarbeiten von realistischen Handlungsvorschlägen (bei gering ausgeprägter Eigeninitiative und relativ niedriger Konsensbereitschaft der Akteure) bis hin zur Methode der Moderation (um für ein Arbeitsfeld die im Städteverbund gemeinsam realisierbaren Aktionen aus einer Vielzahl von abgegebenen Einzelvorschlägen herauszufiltern bzw. um manche Anwesende zur Abgabe solcher Vorschläge erst einmal zu bewegen). Die innerhalb der Städtekooperation wirkenden Akteure werden im folgenden charakterisiert (vgl. Abb. 1).

Projektforschung

Die Betreuung des Modellvorhabens durch die Projektforschung erstreckt sich in der ersten Phase auf die Erarbeitung einer Bestandsaufnahme und eine Bewertung des Ist-Zustandes für das jeweilige Arbeitsfeld (Strukturanalyse). An zweiter Stelle steht - je nach Arbeitsfortschritt in den einzelnen Feldern - die bedarfsorientierte Erarbeitung und Unterbreitung von Planungsvorschlägen für die Städtenetzpartner. Die Umsetzung von gemeinsamen städteübergreifenden Maßnahmen und Aktivitäten stellt den dritten Schritt dar. Der Umfang der einzelnen Arbeitsschritte ist, entsprechend der unterschiedlichen Intensität schon bestehender städteübergreifender Zusammenarbeit, in den vier Arbeitsfeldern verschieden. Von seiten der Projektforschung wird auf ein überwiegend informierendes, beratendes und moderierendes Agieren größter Wert gelegt. Ideen und Handlungsvorschläge sollen hauptsächlich aus den Reihen der beteiligten Städte kommen. Nach Bedarf übernimmt die Projektforschung weitergehende informative und beratende Funktionen zu netzrelevanten Einzelfragen und Problemstellungen.

Alle vorgesehenen Phasen erfordern stetige Rücksprache und laufenden Austausch zwischen Projektforschung und den fünf Netzpartnern. Um das erklärte Ziel eines stetigen Informationsflusses zu gewährleisten, sind Sitzungen mit Projektforschung und Entscheidungsträgern auf verschiedenen Ebenen das wichtigste kommunikative Instrument. Unterschieden wird zwischen Sitzungen

- des Lenkungsausschusses, dem u.a. die Oberbürgermeister der fünf Städte angehören,
- der Arbeitsgruppen, welche sich insbesondere aus den kommunalen Städtenetzbeauftragten als Vertreter der Städte zusammensetzen, und
- der Arbeitskreise, an denen die zuständigen kommunalen Fachreferenten teilnehmen und wo bei Bedarf die Einbeziehung weiterer Fachleute und Entscheidungsträger erfolgt.

Abbildung 1: *Organisationsschema "Sächsisch-Bayerisches Städtenetz"*

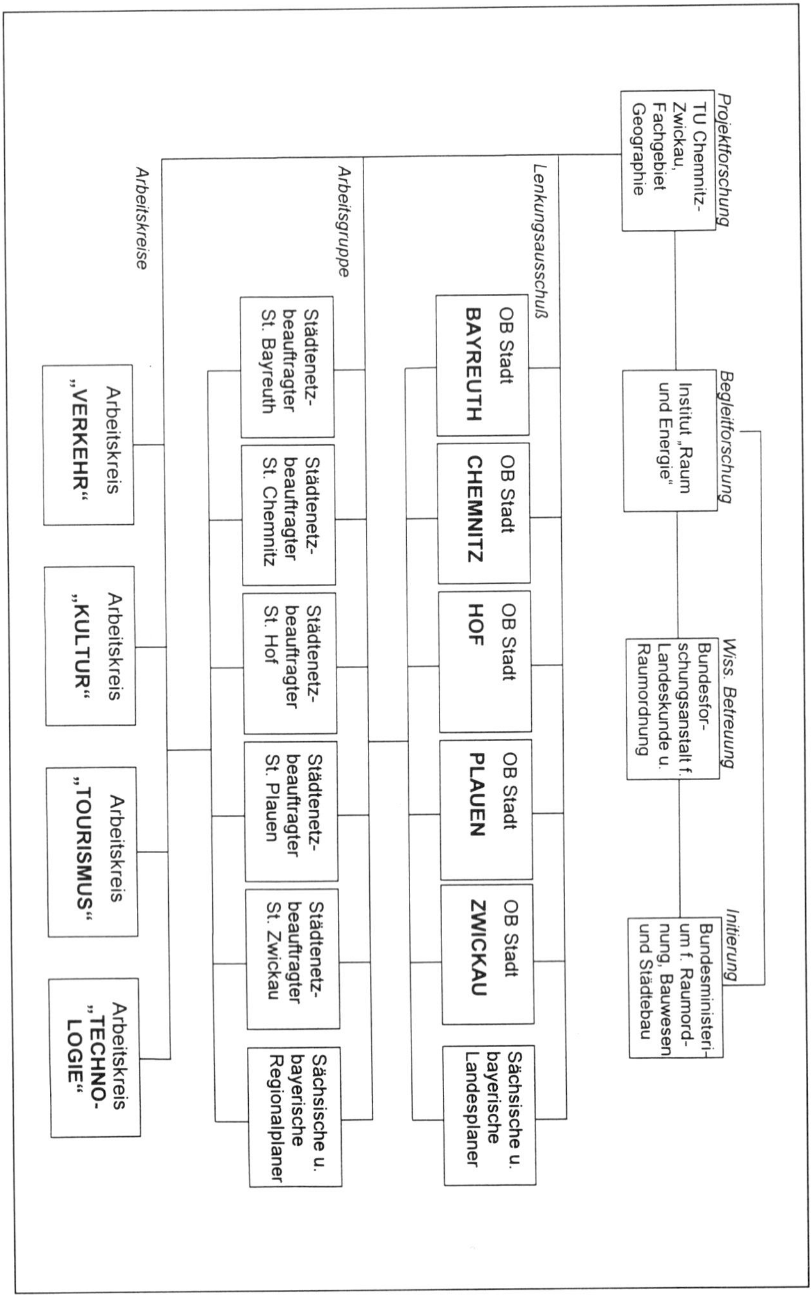

Im Sinne der Gleichberechtigung der Netzpartner finden alle Zusammenkünfte abwechselnd in den fünf Städten statt.

Lenkungsausschuß

Als Initiatoren des Städtenetzes und damit unmittelbar Betroffene waren die Oberbürgermeister der fünf Städte für die Vorgabe der Grundsätze, Leitlinien und Schwerpunkte der Kooperation bereits vor Projektbeginn verantwortlich. Ihr persönliches Engagement bezieht sich derzeit, dem Dringlichkeitsgrad entsprechend, vor allem auf den Ausbau der Schienenverbindung zwischen den fünf Städten, der "Sachsen-Franken-Magistrale". Informell beteiligen sich im Lenkungsausschuß auch die Vertreter der Landesplanung beider Freistaaten.

Arbeitsgruppe

Als Vertreter der Oberbürgermeister fungieren im Rahmen der vier Arbeitsfelder die sogenannten Städtenetzbeauftragten, die als ständige Ansprechpartner für Projektforschung und Fachreferenten o.ä. zur Verfügung stehen. Sitzungen der Arbeitsgruppe werden nach Bedarf anberaumt und dienen hauptsächlich der Information der Beauftragten über den aktuellen Arbeitsstand der Projekte, zur Diskussion von in den Arbeitskreisen auftretenden Problemen oder übergeordneten inhaltlichen und organisatorischen Fragestellungen. Dabei sind auch die Vertreter der drei Regionalen Planungsstellen informell beteiligt.

Arbeitskreise

Seit Mitte Mai 1995 finden zu allen Arbeitsfeldern regelmäßig Arbeitskreissitzungen mit den jeweils zuständigen Fachreferenten und Entscheidungsträgern statt. Die Arbeitskreise diskutieren und entscheiden über die im jeweiligen Arbeitsfeld durchgeführten Projekte und Aktionen und sind auch für die Realisierung der Vorschläge zuständig. Mit den Teilnehmern dieser Sitzungen wird das jeweilige weitere Vorgehen abgestimmt und - wo als zweckmäßig erachtet - ein erweiterter Teilnehmerkreis für zukünftige Treffen festgelegt. In enger Zusammenarbeit mit den Städtenetzbeauftragten laufen darüber hinaus bilaterale Kontakte zwischen der Projektforschung und weiteren Fachleuten, Entscheidungsträgern und Vertretern netzrelevanter Einrichtungen, die als Informationsträger einen wichtigen Beitrag leisten (vgl. Abb. 2).

Berühren die Arbeitsfelder Themenbereiche, mit denen man sich in den Städten schon auseinandergesetzt hat, wo schon ein Gedankenaustausch oder gar eine Kooperation zwischen den Städten erfolgte, fallen die Arbeitskreissitzungen erwartungsgemäß dynamischer und sehr viel mehr ergebnisorientierter aus. Herausragendes positives Beispiel war die konstruktive Erarbeitung und überaus rasche gemeinsame Verabschiedung eines Positionspapiers zur Verbesserung der Schienenanbindung der fünf

Arbeitskreis "Verkehr"

Arbeitskreis "Kultur"

Arbeitskreis "Tourismus"

Arbeitskreis "Technologie"

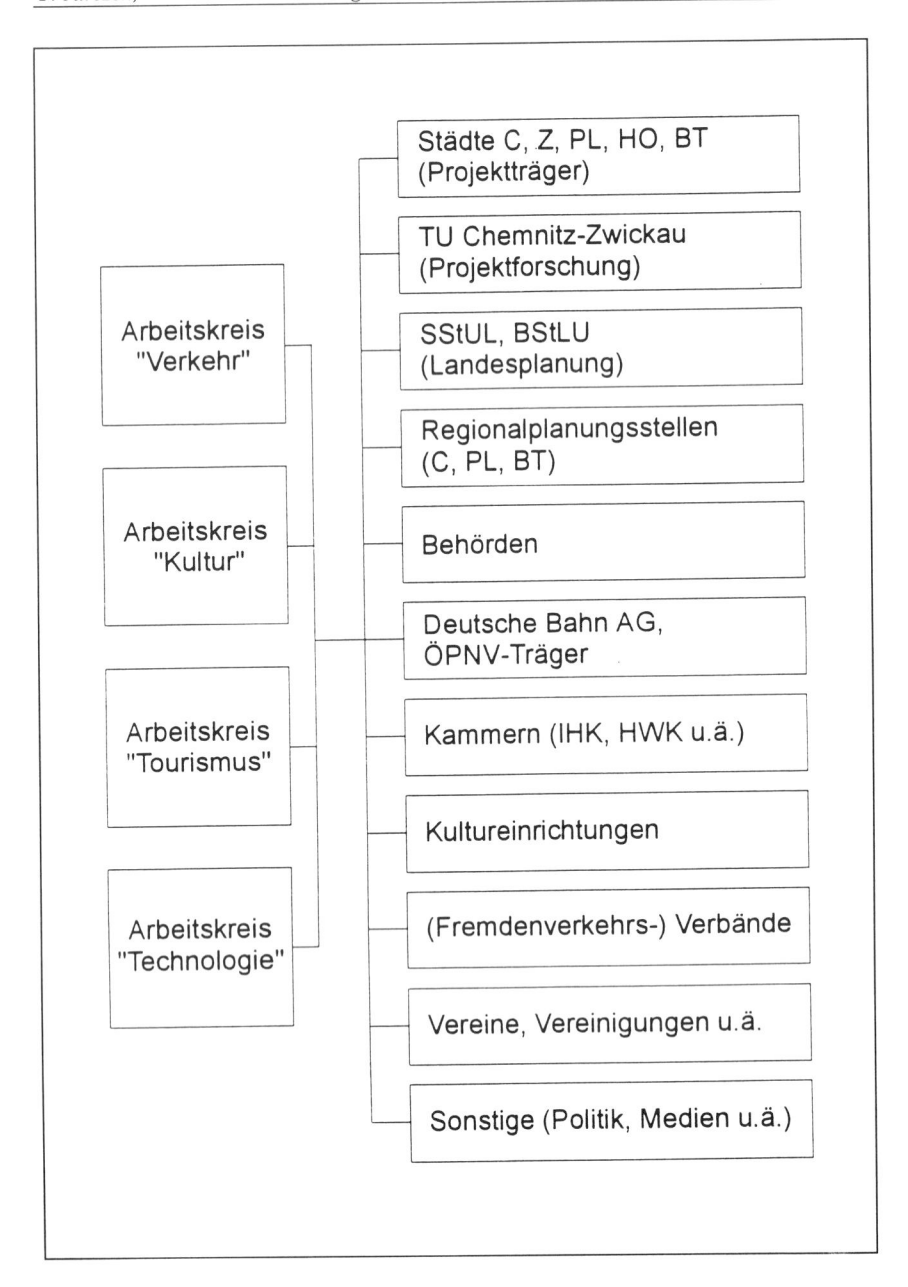

- Städte C, Z, PL, HO, BT (Projektträger)
- TU Chemnitz-Zwickau (Projektforschung)
- SStUL, BStLU (Landesplanung)
- Regionalplanungsstellen (C, PL, BT)
- Behörden
- Deutsche Bahn AG, ÖPNV-Träger
- Kammern (IHK, HWK u.ä.)
- Kultureinrichtungen
- (Fremdenverkehrs-) Verbände
- Vereine, Vereinigungen u.ä.
- Sonstige (Politik, Medien u.ä.)

Abbildung 2: *Organisation der Arbeitsebene des "Sächsisch-Bayerischen Städtenetzes"*

Netzpartner. Hierfür wurden die Grundlagen schon in der Zeit vor Beginn des eigentlichen Städtenetz-Projekts gelegt.

Inhaltliche Aspekte

Ausbau der Schienenverbindung

Auf der Grundlage einer umfassenden Bestandsaufnahme und Analyse seitens der Projektforschung in enger Zusammenarbeit mit den Städtenetzbeauftragten (z.b. Stellungnahmen, Arbeitsgruppensitzungen unter Beteiligung der Regionalplanung) wurde ein Papier formuliert mit dem Titel: "Gemeinsame Forderungen der Städte Bayreuth, Chemnitz, Hof, Plauen, Zwickau zum Ausbau der Sachsen-Franken-Magistrale". Nach Rückkopplung und inhaltlicher Abstimmung im Lenkungsausschuß unterzeichneten die fünf Oberbürgermeister gemeinsam die Resolution. Diese wurde öffentlichkeitswirksam versandt, vor allem an oberste Entscheidungsträger im Bereich Schienenverkehr, wie z.b. Ministerien, Abgeordnete.

Im Juli 1995 fuhren die fünf Oberbürgermeister mit dem Zug zum Vorstand der Deutschen Bahn AG nach Berlin. Ziel dieser gemeinsamen Fahrt war es, dem Forderungspapier persönlich Nachdruck zu verleihen. Seitens der Deutschen Bahn AG zeigte man sich durchaus aufgeschlossen und kooperationsbereit gegenüber den Oberbürgermeistern. So wurden diese nicht nur über die aktuellen Planungsstände bezüglich des Ausbaus der Sachsen-Franken-Magistrale informiert, sondern es ist auch die genaue Prüfung verschiedener Forderungen, wie z.B. einer leistungsstarken Einbindung der Stadt Bayreuth, zugesagt worden.

Kooperation im Bereich Kultur

Im Bereich der kulturellen Zusammenarbeit wurden innerhalb des Arbeitskreises "Kultur" bereits konkrete Projekte erarbeitet, die sich derzeit in der Umsetzungsphase befinden. Die Projektfindung wurde innerhalb des Arbeitskreises vorgenommen, nachdem alle Städte Projektvorschläge, die für eine gemeinsame Realisierung geeignet erschienen, eingebracht hatten. Auffallend dabei ist grundsätzlich, daß es sich sehr oft um bereits bestehende Veranstaltungen handelt, deren Übernahme durch die übrigen Städte für sinnvoll erachtet wird. Neu kreierte Veranstaltungen erweisen sich bezüglich der Finanzierung immer wieder als problematisch.

Ein sehr anschauliches Beispiel ist ein multikulturelles Musikfestival, das bisher nur in einer Stadt gastierte und nun in allen fünf Oberzentren stattfinden soll. Die Netzpartner haben dabei ganz konkrete Kostenersparnisse, wie z.B. gemeinsame Druckkosten für Plakate oder Programme oder die Reisekosten weit angereister Künstler im Auge. Die Einrichtung einer Kulturbörse stellt ebenfalls ein beispielhaftes Städtenetzprojekt dar. Sie dient als Möglichkeit der Erfassung und Auswertung aller Veranstaltungen, die geeignet erscheinen, gemeinsam veranstaltet zu werden. Diese soll als langfristig angelegte Quelle neuer gemeinsamer Projekte dienen.

Kooperation im Bereich Tourismus

Zum Städtetourismus wurden im Arbeitskreis ebenfalls bereits konkrete Projekte konzipiert, die sich derzeit in der Umsetzung befinden. Die Projektfindung erfolgte wie im Arbeitskreis "Kultur" durch die Einbringung, Sammlung und Auswahl von Vorschlägen durch die Teilnehmer des Arbeitskreises. Dies ist beispielsweise ein gemeinsames, sehr günstiges Pauschalangebot von Hotels in den fünf Städten mit dem gleichen Inhalt und Preis für die Bewohner der jeweils anderen Städte. Dieses Angebot soll vor allem dem gegenseitigen Kennenlernen der Bevölkerung dienen. Des weiteren erfolgt die gegenseitige Aufnahme der touristischen Highlights in die monatlichen Veranstaltungskalender der Städte.

Als nächstes größeres Projekt wird im Arbeitskreis eine Konzeption für eine Bahnfahrt erarbeitet, die auf der Strecke Bayreuth-Chemnitz - mit entsprechenden Veranstaltungen im Zug und auf den Bahnhöfen - öffentlichkeitswirksam stattfinden soll. Als unabdingbar sieht der Arbeitskreis ein gemeinsames Logo sowie einen Slogan im Hinblick auf eine geschickte Vermarktung des Produktes "Städtenetz".

Kooperation im Bereich Technologie

Der Bereich "Technologie" ist inhaltlich noch nicht endgültig strukturiert. Der Arbeitskreis wird derzeit von den Städtenetzbeauftragten getragen. In den Vordergrund wurde in diesem Zusammenhang die telekommunikative Vernetzung der Verwaltungen in den verschiedensten Bereichen gerückt.

Zusammenfassung

Als Landesgrenzen übergreifendem Modellvorhaben im Rahmen des Forschungsfeldes "Städtenetze" kommt dem Sächsisch-Bayerischen Städtenetz ein besonderer Stellenwert zu. Eingebunden sind fünf Oberzentren mit Bevölkerungszahlen zwischen 53.000 und 280.000 Einwohnern: Auf sächsischer Seite liegen die Netzpartner Chemnitz, Zwickau und Plauen, die Städteachse findet auf bayerischer Seite ihre Fortführung durch die Städte Hof und Bayreuth.

Zwei Hauptzielsetzungen liegen dem Sächsisch-Bayerischen Städtenetz zugrunde:
- Auf der einen Seite soll das Angebot im infrastrukturellen Bereich der kooperierenden Städte verbessert werden,
- zum anderen wird eine ökonomischere Aufteilung der vorhandenen Ressourcen unter den Netzpartnern angestrebt.

Alle Erfolge und Vorteile der Kooperation zielen letztlich auf eine erhebliche Verbesserung der Lebensbedingungen für die Bevölkerung der Städte und der umgebenden Region.

Schwerpunkte der Kooperation innerhalb des Sächsisch-Bayerischen Städtenetzes sind die vier inhaltlichen Arbeitsfelder

- Ausbau der Schienenverbindung, einschließlich Vernetzung an den Städteknoten mit ÖPNV,
- Kooperation kultureller Einrichtungen,
- gemeinsame Förderung des Städtetourismus,
- abgestimmte Einrichtung von Technologiezentren.

Die wissenschaftliche Betreuung des Modellvorhabens durch den Lehrstuhl für Sozial- und Wirtschaftsgeographie der TU Chemnitz-Zwickau erstreckt sich in der ersten Phase auf die Erarbeitung einer Bestandsaufnahme und eine Bewertung des Ist-Zustandes für alle Arbeitsfelder (Strukturanalyse). An zweiter Stelle steht - je nach Arbeitsfortschritt in den einzelnen Feldern - die bedarfsorientierte Erarbeitung und Unterbreitung von Planungsvorschlägen für die Städtenetzpartner. Die Betreuung der Umsetzung von gemeinsamen städteübergreifenden Maßnahmen und Aktivitäten stellt den dritten Schritt dar.

Von seiten der Projektforschung wird auf ein überwiegend informierendes, beratendes und moderierendes Agieren größter Wert gelegt. Ideen und Handlungsvorschläge sollen hauptsächlich aus den Reihen der beteiligten Städte kommen. Dies unterscheidet das Forschungsprojekt von konventionellen Gutachten und verkörpert damit eine neue Qualität der Städtekooperation auf regionaler Ebene. Durch regelmäßige Sitzungen der Lenkungsgruppe (Oberbürgermeister, Landesplaner), Arbeitsgruppe (Städtenetzbeauftragte, Regionalplaner) und Arbeitskreise (Fachreferenten) sind Entscheidungsträger aller Städte auf verschiedenen Ebenen gleichberechtigt in die Kooperation eingebunden, stetiger Informationsfluß ist gewährleistet. Nach Bedarf übernimmt die Projektforschung weitergehende informative und beratende Funktion zu netzrelevanten Einzelfragen und Problemstellungen. Die vier Arbeitsfelder sind durch einen jeweils unterschiedlichen Arbeitsfortschritt gekennzeichnet, der vom Dringlichkeitsgrad der in den Arbeitsfeldern behandelten Themen, von der Konfliktbeladenheit der Problemstellung, aber auch vom Motivationsgrad der beteiligten Entscheidungsträger abhängt.

Interkommunale Kooperation im ländlichen Raum Bericht vom" Städte-Quartett" Damme, Diepholz, Lohne, Vechta

von Ulrike Schneider

Gegen eine Politik der gemeinsamen Strohfeuer – Kooperation als Alltagshandeln

Städtenetze gelten als relativ junge Erscheinung. Noch sind nicht allzu viele Beispiele interkommunaler Kooperation öffentlich dargestellt worden. Verläßliche Erkenntnisse zu Verlaufsstrukturen oder Auswertungen über Erfolge etc. liegen noch nicht vor. Berichte aus der Praxis und dem Alltag von Städtenetzen können auf diesem Stand der Forschung auf der einen Seite dazu beitragen, die immense räumliche, organisatorische, inhaltliche und politische Bandbreite von Städtenetzen zu verdeutlichen. Sie können auf der anderen Seite aber auch befördern, daß sich die an Kooperation interessierten Kommunen stärker mit den eigenen spezifischen Möglichkeiten für eine Kooperation auseinandersetzen.

Ausgangssituation

Für das "Städte-Quartett" – Damme, Diepholz, Lohne, Vechta – [1] liegen Entstehungsbedingungen der interkommunalen Kooperation vor, die sich in Teilbereichen deutlich von denen anderer bekannter Städtenetze unterscheiden dürften. Einige Besonderheiten seien hier hervorgehoben.

- **Räumliche Dimension**

   Die vier Städte liegen im Dreieck zwischen den Oberzentren Bremen, Oldenburg und Osnabrück. Wie in kaum einem anderen Städtenetz liegen die vier Städte räumlich nahe beieinander. Die Entfernungen betragen zwischen 7 km und höchstens 23 km. Die vier Städtepartner haben für eine Einzugsbevölkerung von bis zu 100.000 Einwohner/inne/n Sorge zu tragen. Damit sind eine Stabilisierung und Weiterentwicklung der vorhandenen dezentral orientierten Siedlungs- und Versorgungsstruktur, nach innen gesehen, wünschenswert.

Da die vier Städte nur eine geringe Entfernung voneinander aufweisen, überschneiden sich ihre Einzugsbereiche im Raum sehr stark. In einem immer enger werdenden Verflechtungsraum stellen Distanzen von nur wenigen Kilometern heute weder für die Wohnbevölkerung noch für Arbeitskräfte oder Betriebe ein wesentliches Hindernis dar. Geplant ist die Entwicklung eines zunehmend gemeinsam genutzten Raumes, der von der unterschiedlichen Zugehörigkeit der Städte zu zwei Landkreisen (LK Vechta, LK Diepholz) und zwei Regierungsbezirken (Reg. Bez. Weser-Ems, Reg. Bez. Hannover) nicht behindert wird. Die in der Vergangenheit teilweise noch wirksamen Grenzen zwischen den Städtepartnern, z.B. in naturräumlicher oder konfessioneller Hinsicht, verlieren ebenfalls zunehmend an Bedeutung. Ohne neue Formen einer interkommunalen Kooperation ist zu vermuten, daß Konkurrenzen in diesem Raum zukünftig stärker wirken würden.

- **Wirtschaftliche und soziale Dimension**

  Ein entscheidendes Merkmal der im Städte-Quartett kooperierenden Städte ist ihre Gleichrangigkeit oder Gleichgewichtigkeit in struktureller Hinsicht. Es sind Kleinstädte, ihre Einwohnerzahlen schwanken zwischen 15.000 und 25.000. In der zentralörtlichen Einstufung handelt es sich um drei Mittelzentren und ein Grundzentrum.

  Die auf die Zukunft gerichtete Kooperation zwischen den vier Städten ist im Gegensatz zu manchen anderen Beispielen interkommunaler Kooperation nicht einer aktuellen Not der Beteiligten geschuldet. Alle vier Städte verfügen trotz leicht unterschiedlicher Wirtschaftsprofile über stabile Entwicklungsstrukturen. Der Aufbau einer zielgerichteten interkommunalen Kooperation begann im Falle des Städte-Quartetts bereits zu einem Zeitpunkt, als man durchaus noch von weitreichenderen kommunalen Handlungsspielräumen sprechen konnte.

- **Politische Dimension**

  Die Kooperation im Städte-Quartett ist von allen Beteiligten gleichermaßen gewollt worden. Sie ist auf freiwilliger Basis entstanden. Im Gegensatz zur Ausgangssituation manch anderer Städtenetze waren hier besondere raumordnerische Empfehlungen oder Hinweise nicht vorhanden. Auch das Engagement bei den verantwortlichen Akteuren in den vier Städten hat sich nach kurzer Zeit in weitgehend gleichgewichtigen Strukturen entwickelt. Der Kooperationsgedanke stößt weder in den politischen Gremien, noch in den Verwaltungen der vier Städte auf eine wesentlich unterschiedliche Resonanz.

- **Thematische Dimension**

Schließlich ist auch das von Anfang an bestehende breite Spektrum an möglichen gemeinsamen Handlungsfeldern im Städte-Quartett ein wesentliches Charakteristikum des Projekts. Gleich zu Beginn der Kooperation werden für elf unterschiedliche Sachbereiche Kooperationsideen von den Beteiligten formuliert. Die Themen reichen dabei z.b. vom Handlungsfeld Kultur über die Erholung, Fragen des Technologietransfers, der Wirtschaftsförderung, der Energieversorgung bis hin zu Fragen des Umweltschutzes und der Vernetzung kommunaler Dienste. Während andere Städtenetze ihre Arbeit zunächst mit klar umgrenzten Aufgabenfeldern oder einzelnen Themen beginnen und erst im Laufe der Kooperation bei Bedarf das inhaltliche Spektrum erweitern, ist für das Städte-Quartett der strukturierte, konstruktive Umgang mit unterschiedlichsten Kooperationsideen das zentrale Anfangsproblem.

- **Zeitliche Dimension**

Der Wunsch, die Möglichkeiten einer auf Dauer angelegten Kooperation zu prüfen, entsteht in den vier Städten, nachdem man zum einen erste positive Erfahrungen durch ein – auch öffentlich gemachtes – gemeinsames Handeln sammeln konnte. Übergeordnete Planungsziele (Schließung des Uni-Standorts Vechta und Verzicht auf einen Interregio-Halt am Bahnhof Diepholz), die sich auf die gesamte Region nachteilig ausgewirkt hätten, können durch gemeinsames Agieren verhindert werden. Es wird jedoch offensichtlich, daß zukünftig bei einer nur sporadischen Zusammenarbeit, orientiert an Einzelfällen, jedesmal mit erheblichem organisatorischen und zeitlichen Aufwand eine neue Kooperationsstruktur zwischen den Städten geschaffen werden müßte, um zu Ergebnissen zu kommen.

Der Wunsch nach einer langfristig angelegten Zusammenarbeit der Kommunen wird auch dadurch gefördert, daß sich zunehmend auf der eher informellen Ebene die unterschiedlichsten Vernetzungsstrukturen (z.B. Bauamtsleitertreffen) abzeichnen. Solche notwendigen, sich jedoch jeweils in unterschiedlicher Tragweite und mit einer unterschiedlichen Teilnahme etablierenden Strukturen werden als Teil eines gemeinsamen Konzepts weiterentwickelt, stabilisiert und für alle Partner im Städte-Quartett zugänglich gemacht.

Ziele und Motive

Die Kooperation im Städte-Quartett soll die wirtschaftliche Leistungsfähigkeit der Verbundpartner steigern und langfristig eine verbesserte Nutzung der Infrastrukturausstattung in der Region gewährleisten. Durch gemeinsames Handeln sollen Synergieeffekte befördert werden. In diesen Zielen ist das Städte-Quartett durchaus mit anderen Städtenetzen vergleichbar. Aufgrund der besonderen räumlichen Konstellation im ländlichen Raum ergibt sich jedoch zusätzlich die Chance, durch eine Kooperation zur Hervorhebung von regionalen Gemeinsamkeiten beizutragen. Eine arbeitsteilige Bündelung von Aufgaben kann im Fallbeispiel des Städte-Quartetts in besonderer Weise das Gefühl der regionalen Verbundenheit bei gleichzeitigem Erhalt der politischen Selbständigkeit fördern.

Verfahren

Hervorzuheben ist der Weg, den die vier Städte zur Umsetzung der genannten Ziele gewählt haben. Das Ausloten von regionalen Chancen und Ausgleichseffekten durch gemeinsames Handeln soll durch ein vor allem langfristig gültiges Kooperationskonzept getragen werden. Deshalb wird die Arbeit von den Beteiligten unter den folgenden Prämissen gestaltet.

Politische Tragfähigkeit

Das Kooperationskonzept wird so gestaltet, daß es sich gleich zu Beginn auch politisch als tragfähig erweist. Dies erfordert, daß alle grundsätzlichen Entscheidungen im Städtenetz den politischen Gremien vorbehalten bleiben:

- Die Verwaltungsausschüsse der vier Städte ("Große Runde") tagen regelmäßig gemeinsam, werden vollständig über alle geplanten Arbeitsschritte im Städte-Quartett informiert und bestimmen alle wesentlichen Fragen der Kooperation.
- Vorbereitend, strukturierend und empfehlend für die Verwaltungsausschüsse wird die Lenkungsgruppe tätig. Sie besteht aus den vier Stadtdirektoren der Städte sowie den vier Bürgermeistern.
- Den vier gebildeten Facharbeitsgruppen in den Städten gehören ebenfalls politische Vertreter/innen neben Fachleuten aus der Verwaltung als gewählte und stimmberechtigte Mitglieder an.

Herausbildung von alltäglichen Organisations- und Kooperationsstrukturen

Die vier Städte gehen davon aus, daß die Einrichtung besonderer Organisationsstrukturen innerhalb des Städte-Quartetts, etwa in Form einer eigens finanzierten Geschäftsstelle/Kooperationsstelle o.ä. derzeit für das Kooperationsvorhaben nicht adäquat ist. Solche Organisationsmuster, die durchaus bei der Kooperation beispielsweise zwischen Großstädten einen Sinn entfalten, sind für Kleinstädte zumeist allein aufgrund wesentlich geringerer personeller und finanzieller Mittel nicht leistbar.

Die Kooperationsstrukturen im Städte-Quartett werden deshalb bewußt so entwickelt, daß sie sich weitgehend in die Alltagsstrukturen der Verwaltungen einbinden lassen oder aber unter Berücksichtigung üblicher Arbeitsstrukturen der politischen Gremien entwickelt werden. Kooperation im Städte-Quartett soll keine Sondersituation darstellen, die an die Existenz und Arbeit von besonderen Einrichtungen gebunden ist, sondern Kooperation soll sich als Selbstverständlichkeit im Bewußtsein vieler unterschiedlicher Akteure entfalten. Dies führt dazu, daß die Kooperation im Städte-Quartett wesentlich in Anlehnung an die in den Verwaltungen erprobten Ausschuß- oder Arbeitskreisstrukturen konzipiert wird. Geschäftsordnungen regeln die Kompetenzen untereinander. Fragen des Vorsitzes, der Stimmberechtigung, Fristen, Niederschriften etc., der gesamte Informationstransfer sind an den bestehenden Strukturen in den Verwaltungen der vier Städte orientiert und werden insbesondere in den Arbeitsgruppen von diesen nach eigenen Bedürfnissen entwickelt, so daß sich hier zunächst kein zusätzlicher Handlungsbedarf von außen ergibt.

Die Wahl von eher traditionellen Organisationsstrukturen steht nicht im Widerspruch zu den neuen kooperativen Inhalten im Städte-Quartett. Die ersten Erfahrungen mit diesen Strukturen zeigen, daß damit vielmehr ein gemeinsames Vorgehen ohne wesentliche organisatorische Reibungsverluste ermöglicht wird.

Behutsame Entwicklung einer langfristigen Kooperation

Eine weitere Vorbedingung für das Kooperationskonzept im Städte-Quartett ist, daß die vier Partner nicht angetreten sind, um möglicherweise strittige Projekte der Partnerstädte zu verhindern oder durch Zensur zu beeinflussen, sondern mit dem Blick nach vorne gemeinsame Projekte auf den unterschiedlichsten Ebenen zu entwickeln und voranzutreiben. Das nach wie vor unabhängige Agieren der Städte, z.B. in Fragen der Wirtschaftsförderung, oder aber das Scheitern eines gemeinsam angestrebten Projekts sollen nicht dazu führen, das Kooperationsvorhaben grundsätzlich in Frage zu stellen.

Zentrales Anliegen ist die behutsame Entwicklung von gemeinsam getragenen Projekten aus bestehenden Ideenkatalogen. Um dies zu erreichen, bauen die Städte ihre Kooperation über die Dauer von drei Jahren als Modell in drei Phasen aus (vgl. Abb. 1):

- In einem ersten Schritt wurden bislang die Grundsätze der Kooperation gemeinsam entwickelt. Dazu gehörte z.B. auch die Definition von Bewertungskriterien, denen die zahlreichen Kooperationsideen unterzogen wurden. Ergebnis waren gemeinsam abgestimmte Prioritätsfolgen für die Handlungsfelder.

- In der zweiten Phase (die zum Jahreswechsel 1995/96 beginnt) wird an der Umsetzung von Handlungsfeldern und an konkreten gemeinsamen Projekten gearbeitet.

- Die dritte Phase 1997 soll abschließend durch die Auswertung der gemeinsamen Erfahrungen, durch die Überprüfung und gegebenenfalls Veränderung bislang gewählter Organisationsstrukturen etc. zur gemeinsamen Verabschiedung eines dauerhaften Handlungsrahmens führen.

Dieser Prozeßaufbau umfaßt auch, daß – im Gegensatz zu anderen Formen interkommunaler Kooperation – im Falle des Städte-Quartetts die Erarbeitung/Formulie-

> **Phase 1**
>
> **1995** **Entwicklung der Grundsätze der Kooperation**
> – Themenfelder
> – Beteiligte
> – Organisation
> – Definition von Chancen und Problemen

> **Phase 2**
>
> **1995/96** **Schwerpunkte der Kooperation**
> **Umsetzung von Handlungsfeldern**
> – Diskussion gemeinsamer Modelle

> **Phase 3**
>
> **1996/97** **Erarbeitung eines**
> **langfristigen Handlungsrahmens**

Abbildung 1: *Projektbausteine im "Städte-Quartett"*

rung eines gemeinsamen Leitbildes bewußt nicht an den Anfang der Zusammenarbeit gestellt worden ist. Vielmehr wird davon ausgegangen, daß sich ein gemeinsam getragenes Leitbild als Ergebnis und Summe erfolgreich durchgeführter alltäglicher Kooperationsvorhaben in der Region herauskristallisieren und weiterentwickeln läßt.

Transparenz

Und schließlich gehört die Entwicklung von nachvollziehbaren Organisationsregelungen und Zuständigkeiten, von Informationstransparenz, Glaubwürdigkeit und gegenseitigem Vertrauen im Umgang mit den Ideen etc. für einen wachsenden Kreis von Beteiligten zu einem wesentlichen Grundmuster des Projekts. Im Falle des Städte-Quartetts wird die notwendige Transparenz nicht primär durch Berichte oder ähnliches gewährleistet. Entwickelt wurde und wird ein Handbuch der Kooperation im Städte-Quartett, das über längere Zeit und ständig aktualisiert allen Beteiligten Einblick in den Prozeßverlauf geben kann.

Erste Erfolge

Nach rund zehn Monaten offizieller Laufzeit als Modellprojekt sind erste Erfolge für die Beteiligten vor allem auf folgenden Ebenen zu verzeichnen: Auf der organisatorischen Ebene sind stabile Beteiligungsstrukturen (vgl. Abb. 2) initiiert worden, die bislang eine kontinuierliche Teilnahme vor allem auch der politischen Vertreter gesichert haben. Auch das bereits bestehende informelle Netz zwischen den Verwaltungen und der Politik hat sich stabilisiert und erweitert.

Die vier Städte haben darüber hinaus erreicht, daß die Fülle der zu Anfang vorhandenen Kooperationsideen ersten gemeinsam diskutierten Bewertungskriterien unterzogen und in einen praktikablen Handlungsrahmen gegossen wurde, der folgende Merkmale aufweist: Es gibt vier Handlungsfelder – Kultur, Natur- und Umweltschutz, Fremdenverkehr und Erholung, ÖPNV –, bei denen die vier Städte jeweils federführend für den ihnen zugeordneten Bereich in Arbeitsgruppen die weitere Kooperation mit den Partnern aus den anderen Städten erarbeiten (Städtenetz als befristete selbstgewählte regionale Arbeitsteilung). Als Erfolg kann gewertet werden, daß auf der Grundlage offener, kooperativer Diskussionen zum einen die Auswahl und Übergabe der vier Handlungsfelder an die vier Städte weder im öffentlichen, noch im politischen Raum mit einer Funktionszuweisung gleichgesetzt oder mißverstanden wurde. Zum anderen konnte aber auch bei der Behandlung der übrigen Themen schnell Einigkeit erzielt werden.

Selbst das Handlungsfeld mit der höchsten politischen Brisanz in den vier Städten – Wirtschaftsförderung/Marketing im Städte-Quartett – wurde nicht für die weitere Arbeit ausgeblendet. Die Lenkungsgruppe wird für diesen Handlungsbereich Modelle diskutieren und prüfen (Städtenetz als Plattform konkurrierender Prozesse).

Für die beiden Handlungsfelder Bildung/Weiterbildung und Gesundheitswesen wurde beschlossen, die entscheidenden Akteure dieser Bereiche in den vier Städten jeweils zu einer Sitzung der Lenkungsgruppe zu bitten, um darauf hinzuwirken, daß hier analog zu den vier Facharbeitsgruppen und angesichts sich abzeichnender Probleme auf eine Kooperation miteinander hingewirkt wird. Diese Zusammenschlüsse sollen sich außerhalb von Politik und Verwaltung unabhängig vom Städte-Quartett entfalten (Städtenetz als Initiator).

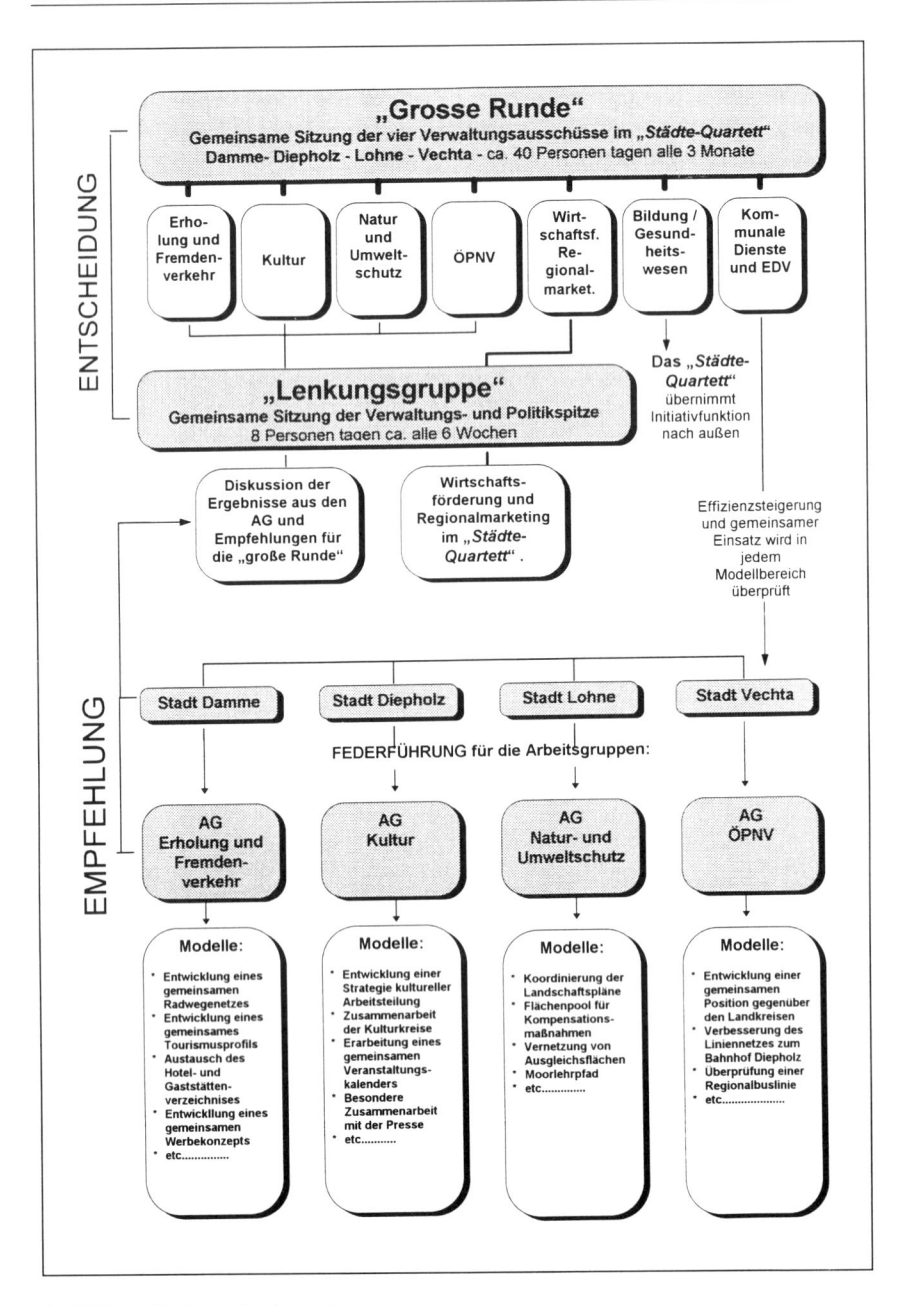

Abbildung 2: *Organisationsschema*

Und schließlich wurde vereinbart, für die Themen EDV und kommunale Dienste keine eigenständigen Arbeitsgruppen zu etablieren. Die Möglichkeiten einer abgestimmten gemeinsamen Nutzung solcher Dienste werden vielmehr von den Verwaltungen auf Amtsleiterebene erörtert und mitüberprüft (Städtenetz als neuer Dienstleister).

Erfolge jedoch z.B. in Form eines fertig erarbeiteten Konzeptes der regionalen, kulturellen Arbeitsteilung oder konkreter in Form eines abgesprochenen, gemeinsamen Kulturkalenders, oder den Ausbau eines gemeinsamen Radwegenetzes, eines gemeinsamen Moorlehrpfads und ähnliches kann das Modellprojekt nach seiner noch kurzen Laufzeit noch nicht aufweisen. Hierzu wird noch Zeit benötigt.

Die Erwartung, daß sich die Kooperation in einem Städtenetz wie dem des Städte-Quartetts bereits nach kurzer Zeit vor allem in konkreten, gleichsam faßbaren Projekten abzeichnet, kann auch nachteilig auf die Prozeßentwicklung für die Beteiligten wirken. Angesichts zunehmend leerer Kassen in den Gebietskörperschaften liegt eine besondere Gefahr darin, den Erfolg von Kooperation zu sehr an größeren und repräsentativ umgesetzten Modellen zu messen, z.B. an der Schaffung neuer gemeinsam genutzter Infrastruktureinrichtungen. Dies kann eine doppelte Überforderung für die Partner in Städtenetzen bedeuten.

Wichtig ist es, eigene spezifische Erfolgsmaßstäbe innerhalb der Kooperation zu entwickeln. Für das Städte-Quartett werden z.B. Erfolge auch wesentlich darin bestehen, daß mit den eigenen alltäglichen und gleichwohl begrenzten finanziellen Mitteln der Städte deutlich bessere und effizientere Wirkungen im Raum erzeugt werden können und sich damit neue Aktionsmuster erschließen. In spezifischer Weise können nicht nur die vorhandenen Lebens- und Arbeitsqualitäten dieser Städte im ländlichen Raum durch Kooperation und eine informelle Verdichtung neu gestaltet und entwickelt werden. Die Netzbildung der vier Städte in ihrer besonderen räumlichen Situation kann für alle Beteiligten vielmehr auch einen neuen Prozeß der Urbanisierung bedeuten, womit sich die Region als handlungsfähige Partnerin gegenüber den umliegenden Oberzentren etabliert.

Anmerkung

1   Das Projekt "Städte-Quartett" ist eines von insgesamt elf Modellen im Forschungsfeld "Städtenetze" des Bundesbauministeriums. Es wird seit März 1995 für die Dauer von drei Jahren gefördert.

Städtekooperation MAI –
Ein Beitrag zur Profilierung
des Wirtschaftsraumes Südbayern

von Rainer Hachmann und Klaus Mensing *

Ausgangslage und Motivation der Netzbildung

Spätestens mit dem Raumordnungspolitischen Handlungsrahmen (BMBau 1995) versucht die Raumordnung des Bundes und der Länder, sich verstärkt "der Sicherung der Konkurrenzfähigkeit des Standortes Deutschland und seiner Regionen" zuzuwenden. Nach Auffassung der Ministerkonferenz für Raumordnung können Städtenetze hierzu einen wesentlichen Beitrag leisten. Diese Sichtweise wird auch vom Bayerischen Staatsministerium für Landesentwicklung und Umweltfragen geteilt.

Für die Metropolregion München besteht ebenfalls die Notwendigkeit, sich im Wettbewerb der europäischen Regionen zu behaupten. Insofern wird auch für diese Region ein Städtenetz, wie es mit der Kooperation München – Augsburg – Ingolstadt existiert, als Instrument zur Standortstärkung gesehen.

Vor dem Jahre 1992 gab es keinerlei institutionalisierte Kooperation zwischen den größeren Städten im Wirtschaftsraum Südbayern. Dies änderte sich mit dem Beschluß vom 10.03.1992 zur Gründung eines Arbeitskreises Südbayern, mit dem die Kooperation zwischen den Städten verbessert werden sollte. Ein erster Zuschnitt des Kooperationsraums umfaßte die Städte München, Augsburg, Ingolstadt, Landshut und Rosenheim. Erste Gespräche der Oberbürgermeister von München und Augsburg ergaben Übereinstimmungen in der Notwendigkeit einer weitreichenden Kooperation als vorbeugende Maßnahme für die Zukunft. Ingolstadt schloß sich dieser Gesprächsrunde an.

Rund ein Jahr später wurde am 25.05.1993 mit der Erklärung der Städte München, Augsburg und Ingolstadt die Städtekooperation MAI aus der Taufe gehoben; mit der neuen Organisationsform wurde gleichzeitig die Basis zur Vertiefung der Zu-

---

* Unter Mitarbeit von cand. geogr. Jan Poppinga.

Städtenetze – Raumordnungspolitisches Handlungsinstrument mit Zukunft?
hrsg. im Auftrag des Deutschen Verbandes für Angewandte Geographie
von Rainer Danielzyk und Axel Priebs
in Material zur Angewandten Geographie (MAG), Band 32, Bonn 1996

Abbildung 1: *Das Städtenetz München - Augsburg - Ingolstadt*

sammenarbeit zwischen den drei Städten gelegt [1]. Konkreter Kooperationsanlaß war im wesentlichen die Sicherung von Chancen für die weitere Entwicklung, d.h. Kooperation wurde als Antwort auf die kommenden Herausforderungen sowie als vorbeugende Maßnahme zur Absicherung der Zukunftsentwicklung gesehen.

Wiederum zwei Jahre später, auf der MAI‾Konferenz am 5.5.1995 in Ingolstadt, wurde die Absicht erklärt, sich in einem eingetragenen Verein mit der Bezeichnung "Wirtschaftsraum Südbayern München, Augsburg und Ingolstadt (MAI)" zu organisieren und sich damit gleichzeitig gegenüber anderen interessierten Partnern zu öffnen. Das Städtenetz MAI bestand in den ersten Jahren seines Bestehens aus den Städten München, Augsburg und Ingolstadt. Nach Umwandlung der bis dato informellen Städtekooperation in einen eingetragenen Verein wurden als neue Mitglieder weitere Gebietskörperschaften und andere Einrichtungen (z.b. Kammern, DGB, Sparkassen, Unternehmen) aufgenommen; u.a. schloß sich die Stadt Landsberg am Lech der Kooperation an.

Ziel der Städtekooperation MAI

Die generellen Ziele der Städtekooperation liegen darin, gemeinsam zur Förderung der Entwicklung und wirtschaftlichen Attraktivität in der Region aktiv zu werden und die Region nach außen gemeinsam zu repräsentieren. Auch sollten die Entwicklungspotentiale der Region effektiver genutzt und die Lasten sinnvoller verteilt werden. Als Teilziele ergeben sich:
- Erhaltung/Verbesserung der Wirtschaftskraft,
- Sicherung und Schaffung von Arbeitsplätzen,
- Erhaltung/Verbesserung der Lebensqualität und
- Entwicklung eines Leitbildes für die Region.

Zusätzlich werden im kommunikativen Bereich Ziele verfolgt, nämlich
- Aufbau einer gemeinsamen MAI-Identität,
- Entwicklung eines gemeinsamen, abgestimmten Handlungsrahmens und
- Aufbau eines prägnanten MAI-Imageprofils.

Räumliche und wirtschaftsstrukturelle Situation

Das Städtenetz MAI repräsentiert den Kern des Wirtschaftsraums Südbayern. Flächenmäßig sind damit die Planungsregionen 14 (München), 9 (Augsburg) und 10 (Ingolstadt) berührt. Somit ergibt sich insgesamt eine "MAI-Region", die in etwa den Abmessungen der genannten Planungsregionen entspricht. Dieser Raum umfaßt neben den Städten München, Augsburg und Ingolstadt insgesamt 15 Landkreise und 396 Gemeinden (vgl. Abb. 1).

Innerhalb des Regionalen Planungsverbandes München besteht die Besonderheit, daß dort ein weiterer Planungsverband besteht, in dem sich freiwillig Städte, Gemeinden, Landkreise und der Bezirk Oberbayern unter der Bezeichnung "Äußerer Wirtschaftsraum München" zusammengetan haben.

Die Tabellen 1 und 2 zeigen einige ausgewählte Strukturdaten der MAI-Städte und der MAI-Region. Deutlich wird hieran erstens das ökonomische Potential der Region und zweitens die faktische Dominanz Münchens innerhalb der Städtekooperation.

Der letztgenannte Sachverhalt äußert sich auch in hohen Einpendlerströmen nach München, die nicht nur im Umland, sondern auch in Augsburg und Ingolstadt entstehen.

Tabelle 1: *Bevölkerungsentwicklung 1987 - 1994*

	Bevölkerung absolut 1994 gesamt	Anteil der Bevölkerung an MAI 1994 (in %)	Bevölkerungs- entwicklung 1987-1994 (in %)	Fläche (in qkm)	Einwohner- dichte (E/qkm)
München	1.244.676	76,9 %	+ 3,6 %	310	4.009
Augsburg	262.110	16,2 %	+ 7,3 %	147	1.781
Ingolstadt	110.910	6,9 %	+14,7 %	133	832
MAI-Städte insg.	1.617.696	100,0 %	+ 4,9 %	12.417	292
MAI-Region	3.623.191		+ 8,9 %		

Räumliche und inhaltliche Herausforderungen

In räumlicher Hinsicht bestehen die Herausforderungen vor allem in der Überwindung diverser Grenzen und der Berücksichtigung unterschiedlicher Gebietskulissen; relevant sind

- die unterschiedlichen landsmannschaftlichen Regionen (Schwaben und Bayern),
- die Zugehörigkeiten zu unterschiedlichen Bezirken (Schwaben und Oberbayern),
- die andere Städtekooperation Landshut-Rosenheim-Salzburg,
- die in der MAI-Region befindlichen Gebietskörperschaften (Landkreis und Gemeinden) sowie
- besondere Regionen, wie z.B. der Bodensee im Südwesten.

Neben der Berücksichtigung gewachsener wirtschaftspolitischer und -struktureller Zusammenhänge besteht eine weitere Herausforderung in der Beachtung unterschiedlicher Planungsebenen, wie

- der Landesentwicklungsplanung des Freistaates,
- der Regionalplanung durch die Regionalverbände und
- den Aktivitäten von weiteren Verbänden, wie dem Planungsverband "Äußerer Wirtschaftsraum München".

Die inhaltlichen Herausforderungen bestanden im wesentlichen darin,

- konsensfähige Ziele und Leitbilder für die Kooperation zu entwickeln,
- für die gemeinsame Bearbeitung geeignete Handlungsfelder zu identifizieren,
- konkrete Themen auszuwählen, die aus Sicht aller Netzpartner für die gemeinsame Entwicklung und für die der einzelnen Stadt von Bedeutung sind, sowie
- solche Themen zu vermeiden, die zwischen einzelnen oder allen Netzpartnern kontrovers eingeschätzt werden, wie z.B. die ICE-Trassierung zwischen Nürnberg und München.

Tabelle 2: *Daten zum Arbeitsmarkt 1994*

	Beschäftigte	Arbeitslose	Bruttoinlands-produkt (BIP) zu Marktpreisen 1992		Veränderung des BIP 1988/1992
	gesamt	(in %)	(in Mio. DM)	(Anteil in %)	(in %)
München	669.374	6,6 %	108.450	50,5 %	29 %
Augsburg	129.975	7,8 %	15.438	7,2 %	41 %
Ingolstadt	61.131	7,9 %	7.717	3,6 %	61 %
MAI-Städte insg. MAI-Region	860.480 1.254.088	6,3 %	214.624	100,0 %	33 %

Inhaltliche Entwicklungsperspektiven

Das Städtenetz MAI besitzt aufgrund seiner vorhandenen Infrastruktur in den Bereichen Wirtschaft, Verkehr, Kommunikation, Ausbildung und Wissenschaft sehr günstige Voraussetzungen, die Beziehungen der Städte untereinander weiter auszubauen. Diese Rahmenbedingungen wurden von den Vertretern der MAI-Städte in der jüngsten Vergangenheit genutzt, Projektfelder zu organisieren und mit konkreten Inhalten zu füllen. Als inhaltliche Handlungsfelder wurden von MAI zunächst
- Marketing,
- Wirtschaftsförderung,
- Verkehr,
- Technologietransfer sowie
- Fremdenverkehr

festgelegt. Es wurde beschlossen, diese Themen mit Hilfe von Arbeitskreisen zu bearbeiten.

Auf dem Gebiet Marketing geht es um die Erstellung einer gemeinsamen Marketing-Konzeption, mit deren Hilfe geeignete Maßnahmen zur Profilierung der Region und zur Schaffung eines regionalen Images initiiert werden sollten. Als erstes Produkt entstand die Standortbroschüre "MAI. Europas blühende Mitte". Weiterhin wurde auf Vorschlag der Arbeitsgruppe Marketing im Oktober 1994 eine Image-Untersuchung in Auftrag gegeben. Da die MAI-Region weltweit mit anderen Wirtschaftsräumen verknüpft ist, war für das weitere konzeptionelle Vorgehen ein erster Eindruck über die Attraktivität und die globale Einordnung der MAI-Städte und der Region Südbayern notwendig.

Auf dem Gebiet Verkehr standen neben den Forderungen zum Verkehrsausbau (B 300, Bahnverbindung Augsburg-Ingolstadt, viergleisiger Ausbau Augsburg-München) zwei weitere Bereiche im Vordergrund. Dabei ging es, aufgrund der Bedeutung des SPNV für die MAI-Region, zum einen um die Begleitung der Einführung des Integralen Taktfahrplans zum Fahrplanwechsel im Jahr 1996/97 mit einer Verbesserung der Nahverkehrsprodukte. Zum anderen geht es um die Initiative "Magistrale für Europa": Die internationale Schienenverbindung von Paris über Straßburg nach Karlsruhe ist in der weiteren Trassenführung über München nach Wien noch nicht gesichert und noch völlig offen.

Auf dem Gebiet des Technologietransfers richtete sich die Aufmerksamkeit auf die Heterogenität der Forschungs- und Entwicklungspotentiale in der MAI-Region. Hiervon abgeleitet wurden zwei strategische Ansatzpunkte für engere Kooperationen auf diesem Felde zugunsten der MAI-Städte, nämlich die Darstellung der Vielfalt des Technologietransferprozesses und die Nutzbarmachung des FuE-Potentials für die Unternehmen. Als wichtige Meilensteine sind die Durchführung einer gemeinsamen Technologietransfer-Veranstaltung mit praktischen Beispielen und die Herausgabe einer Übersichtsbroschüre mit den wichtigsten anwendungsorientierten Einrichtungen der MAI-Region zur Information u.a. über Synergieeffekte für Unternehmen vorgesehen.

Die wesentlichen Arbeitsschwerpunkte auf dem Gebiet Touristik bilden der Aufbau eines gemeinsamen Presseverteilers und die Herausgabe eines Veranstaltungsprospekts für die drei MAI-Städte im Rahmen gemeinsamer Werbeaktionen. Für das weitere gemeinsame Vorgehen wird eine Abstimmung bei den Informations- und Reservierungssystemen angestrebt. Die künftige Ausstattung der Fremdenverkehrsämter bzw. Fremdenverkehrsvereine mit entsprechenden EDV-Systemen und Software wird daher kompatibel sein.

Das Hauptanliegen der Arbeitsgruppe Wirtschaftsförderung besteht in der Standortberatung und Standortwerbung im Bereich gemeinsamer Wirtschaftsförderungsaktivitäten. Das Standortinformationssystem wird in diesem Jahr in der gesamten MAI-Region eingerichtet. Ziel ist es, ansiedlungswillige Unternehmer intensiv zu informieren und zu beraten sowie das endogene Potential stärker herauszustellen. Voraussetzungen sind eine Sammlung der relevanten Daten und eine gemeinsame Datenbank. Erarbeitet wurde eine Übersicht über wichtige Strukturdaten des Netzes. Des weiteren stehen Informationsveranstaltungen für Banken, Unternehmen und Hochschulen sowie Wissenschaftseinrichtungen im Mittelpunkt der weiteren Aktivitäten.

Organisatorische Struktur

Wie schon kurz ausgeführt wurde, hat sich die Städtekooperation MAI im Laufe ihres Bestehens strukturell gewandelt. Heute besteht MAI in der Form eines eingetragenen Vereins; zu Beginn handelte es sich um eine informelle Einrichtung der drei beteiligten Städte, die auf der Basis von Absprachen der Oberbürgermeister und Referenten und der gemeinsamen Deklaration vom 25.5.1993 gestaltet und organisatorisch geregelt worden war.

Gegenwärtig weist der Verein "Wirtschaftsraum Südbayern München – Augsburg – Ingolstadt e.V." den in Abbildung 2 dargestellten Organisationsaufbau auf. Als Arbeitsebenen existieren die

- "OB–Ebene" in Form von vier bis sechs Sitzungen im Jahr, an der alle Oberbürgermeister der MAI–Städte teilnehmen, teilweise unter Beteiligung von Oberbürgermeistern weiterer Städte aus Südbayern;
- "Referenten–Ebene" entsprechend einer Geschäftsführung mit vier Sitzungen pro Jahr;

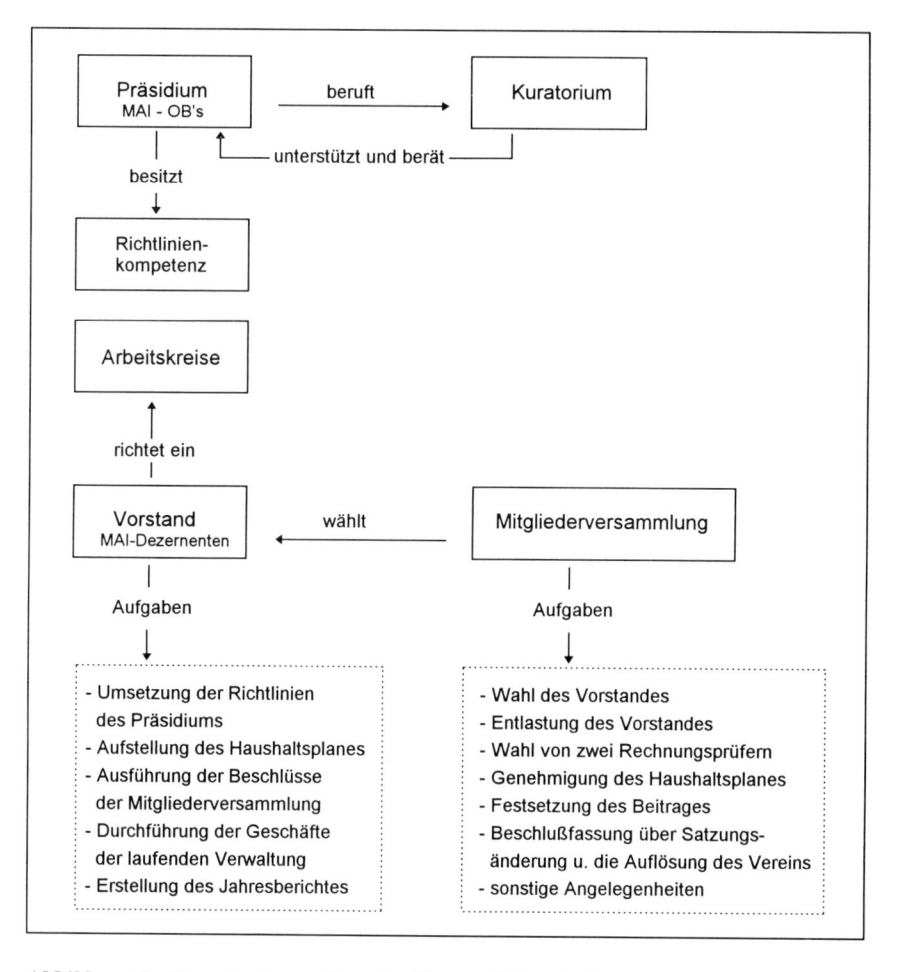

```
┌─────────────┐   beruft    ┌─────────────┐
│  Präsidium  │ ──────────► │  Kuratorium │
│  MAI - OB's │             │             │
└─────────────┘             └─────────────┘
      │    ▲
   besitzt └── unterstützt und berät ──┘
      ▼
┌─────────────┐
│ Richtlinien-│
│  kompetenz  │
└─────────────┘

┌─────────────┐
│ Arbeitskreise│
└─────────────┘
      ▲
  richtet ein
      │
┌─────────────┐   wählt    ┌──────────────────────┐
│  Vorstand   │ ◄───────── │ Mitgliederversammlung│
│MAI-Dezernenten│          │                      │
└─────────────┘            └──────────────────────┘
      │                              │
   Aufgaben                       Aufgaben
      ▼                              ▼
```

- Umsetzung der Richtlinien des Präsidiums
- Aufstellung des Haushaltsplanes
- Ausführung der Beschlüsse der Mitgliederversammlung
- Durchführung der Geschäfte der laufenden Verwaltung
- Erstellung des Jahresberichtes

- Wahl des Vorstandes
- Entlastung des Vorstandes
- Wahl von zwei Rechnungsprüfern
- Genehmigung des Haushaltsplanes
- Festsetzung des Beitrages
- Beschlußfassung über Satzungsänderung u. die Auflösung des Vereins
- sonstige Angelegenheiten

Abbildung 2: *Organisationsaufbau des Vereins "Wirtschaftsraum Südbayern München – Augsburg – Ingolstadt e.V."*

- "Sachbearbeiterebene", bestehend aus jeweils einer Vertreterin der MAI-Städte mit mindestens vier Sitzungen pro Jahr. Auf dieser Ebene laufen die Fäden zur inhaltlichen Arbeit sowie zur Vorbereitung von Entscheidungen zusammen;
- Arbeitsgruppen, deren Teilnehmer von den beteiligten Netzpartnern und an Sachthemen interessierten Einrichtungen (z.b. IHK München/Oberbayern) entsandt werden. Die Leitung der Arbeitsgruppen wurde kompetenten Teilnehmern übertragen. Insgesamt entstanden fünf themenbezogene Arbeitskreise, die durchschnittlich vier Sitzungen pro Jahr abhielten.

Die Geschäftsführung wurde im Mai 1993 der Stadt Augsburg zugesprochen, nachdem zuvor die Stadt München den Arbeitskreis Südbayern geleitet und die erste MAI-Konferenz organisiert hatte.

Ausblick

Bemerkenswert ist am Städtenetz MAI zunächst die Entstehung, die es nicht, wie andere interkommunale Kooperationen, einer regionalen Notlage zu verdanken hatte, sondern einer vorausschauenden Vision, die sich an dem künftig verstärkt zu erwartenden Wettbewerb der Regionen innerhalb der EU orientierte. Ziel ist, die Region MAI für die künftigen Anforderungen "fit" zu machen.

Mit Vereinsgründung im Sommer 1995 hat sich MAI nicht nur eine formale Struktur gegeben, sondern bietet mit der Zusatzbezeichnung "Wirtschaftsraum Südbayern" weiteren Interessenten, besonders den Unternehmen in den drei Städten, aber auch den im Städtenetz MAI die Maschen bildenden Gebietskörperschaften die Mitwirkung in der Kooperation an. Diese Erweiterung trägt zum einen der Tatsache Rechnung, daß die Städte nicht ohne ihr Umland und diese wiederum nicht ohne ihre Städte zur Standortprofilierung der Region beitragen können. Im Falle der Werbung um Beitritte aus der Unternehmenschaft geht es nicht zuletzt auch um eine finanzielle Absicherung eines erweiterten Tätigkeitsspektrums des Städtenetzes MAI.

Deutlich wird hieran auch die starke Zielorientierung von MAI auf Fragen der regionalen Standortsicherung bzw. -verbesserung. Andere Aspekte, wie etwa Wohnen, Kultur oder Umwelt, werden bei dieser Betrachtung mehr in der Rolle weicher Standortfaktoren gesehen bzw. werden zur Profilierung der Region genutzt.

Anmerkungen

1   Landshut und Rosenheim sahen ihre Interessen in diesem Städtenetz nicht vertreten. Die beiden Städte taten sich als Reaktion mit der Stadt Salzburg als Städtekooperation "LaRoSa" zusammen.

Literatur

BMBau: Bundesministerium für Raumordnung, Bauwesen und Städtebau (Hrsg.) (1995): Raumordnungspolitischer Handlungsrahmen. Bonn.

Kooperation im Städteverbund
Impulse der Raumordnung zur interkommunalen Zusammenarbeit in Sachsen

von Bernhard Müller und Burkhard Beyer

Die Ministerkonferenz für Raumordnung hat sich in ihrem Beschluß zum Raumordnungspolitischen Handlungsrahmen vom 8. März 1995 zur Unterstützung von Ansätzen einer interkommunalen Kooperation in "Städtenetzen" bekannt. Städtenetze – so die Argumentation – könnten einen wichtigen Beitrag zur Sicherung der Konkurrenzfähigkeit des Standorts Deutschland und seiner Regionen sowie zur Stärkung der dezentralen Raum- und Siedlungsstruktur der Bundesrepublik leisten (BMBau 1995, S.13; vgl. auch Anhang dieses Bandes). Interkommunale Zusammenarbeit soll einerseits den Netzpartnern ein stärkeres Gewicht in ihrer "Außendarstellung" verleihen, andererseits aber auch die ökologische, ökonomische und soziale Entwicklung von Regionen "nach innen" stabilisieren.

Städtenetze können sich auf allen Hierachieebenen herausbilden. Die Motive zur Vernetzung können in einem oder mehreren Politikbereichen (eindimensionale oder mehrdimensionale Netze) begründet sein. Sie können sich an den jeweiligen überregionalen Wettbewerbsbedingungen orientieren (z.b. gemeinsames Marketing von Großstädten) oder an der Lösung konkreter lokaler Probleme ansetzen, die von einzelnen Kommunen z.B. aus Kostengründen allein nicht bewältigt werden können. Freiwilligkeit, kommunale Eigeninitiative und Selbstorganisation sind Kennzeichen des Ansatzes. Kooperationsimpulse können von den Städten selbst, aber auch "von außen" kommen.

So konsequent die Idee der verstärkten Förderung interkommunaler Zusammenarbeit durch die Raumordnung im "Zeitalter vernetzter Systeme" angesichts der "Krise der Städte" auch erscheinen mag, so bedeutsam ist der Hinweis darauf, daß es sich bei Städtenetzen insbesondere in der kommunalpolitischen Praxis der Bundesrepublik Deutschland nicht um etwas grundsätzlich Neues handelt und daß die Konturen des raumordnungspolitischen Städtenetz-Ansatzes bisher nur unscharf zu erkennen sind. Während Kritiker in der Unbestimmtheit des Ansatzes lediglich ein Indiz für die anhaltende Krise der Raumordnung sehen, besteht für Befürworter gerade hierin der besondere Reiz des Experimentellen.

Ohne im einzelnen auf allgemeine inhaltliche oder institutionelle Probleme des Städtenetz-Ansatzes einzugehen (vgl. Ritter 1995), soll im folgenden mit dem sächsischen Konzept der "Städteverbünde" ein Ansatz behandelt werden, der in der Diskussion bisher noch wenig beachtet worden ist, sich jedoch mühelos in das breite Spektrum deutscher Städtenetze einordnet und unter bestimmten Rahmenbedingungen Ansatzpunkte für eine Konkretisierung des Städtenetz-Ansatzes als raumordnerisches Instrument bieten könnte.

Städteverbünde: Normatives Instrument der Raumordnung in Sachsen

Der Freistaat Sachsen hat die Idee der interkommunalen Kooperation im Landesentwicklungsplan (LEP) von 1994 aufgegriffen und in spezifischer Weise ausgeformt. Zwischengemeindliche Abstimmung und Zusammenarbeit bleiben zwar als elementare Themenfelder der Kommunalpolitik vorbehalten, gleichwohl bietet der LEP unter Nutzung des Systems der zentralen Orte konkrete Grundlagen zur Förderung kooperativer Strategien auf der kommunalen Ebene. So zielt man einerseits zum Beispiel auf eine einvernehmlich abgestimmte Bauleitplanung bzw. eine Lasten- und Nutzenverteilung in solchen Fällen ab, in denen (z.B. gewerbliche) Vorhaben in Umlandgemeinden eines zentralen Ortes zugelassen werden sollen, die nicht über einen zentralörtlichen Status verfügen. Andererseits werden Städteverbünde ausgewiesen und benannt, von denen eine besonders intensive Zusammenarbeit im Hinblick auf Dienstleistungs- und Versorgungsfunktionen für die Bevölkerung erwartet wird.

Städteverbünde sollen die zentralörtlichen Funktionen für ihren Verflechtungsbereich gemeinsam wahrnehmen, wenn der baulich-räumliche Zusammenhang oder eine bestehende oder anzustrebende funktionale Ergänzung der zentralörtlichen Funktion dies ermöglichen bzw. erfordern und dadurch eine leistungsfähigere und wirtschaftlichere zentralörtliche Versorgung der Bevölkerung erreicht wird (LEP 1.4.6, Z-15). Unter der Prämisse einer möglichst sparsamen und effektiven Mittelverwendung ist es Aufgabe der beteiligten Kommunen, die "funktionale Ergänzung und den Erhalt höherrangiger zentralörtlicher Einrichtungen zum gegenseitigen Vorteil gemeinsam zu planen" und Einrichtungen der jeweils höchsten möglichen Stufe nach Möglichkeit nur einmal für den gesamten Verflechtungsbereich vorzuhalten. Dies erfordert laut LEP, daß "Einvernehmen zwischen diesen zentralen Orten über ihre zukünftige Entwicklung" besteht (vgl. Begründung zu LEP 1.4.6, B-15).

Neben einem vierstufigen System zentraler Orte werden im LEP ein Oberzentraler Städteverbund für den ostsächsischen Raum (Bautzen-Görlitz-Hoyerswerda), drei mittelzentrale Städteverbünde in Südwestsachsen (Aue-Lauter-Lößnitz-Schlema-Schneeberg-Schwarzenberg, Auerbach-Ellefeld-Falkenstein-Rodewisch, Mylau-Netzschkau-Reichenbach), zwei unterzentrale Städte- und Gemeindeverbünde (Crottendorf-Scheibenberg-Schlettau im Westerzgebirge und Kirschau-Schirgiswalde-Sohland-Wilthen in der südlichen Oberlausitz) sowie eine Reihe kooperierender (Mittel- und Unter-) Zentren ausgewiesen, welche sich vor allem auf die südliche Oberlausitz, das Erzgebirge samt Vorland und Südwestsachsen konzentrieren.

Die Festlegung der Verbünde und kooperierenden Zentren – insbesondere auf der mittel- und unterzentralen Ebene – hängt eng mit den historisch gewachsenen polyzentralen und häufig linienhaften Siedlungsstrukturen in den genannten Regionen zusammen. Die Tallagen der Mittelgebirgslandschaft und die dadurch bedingte Siedlungsentwicklung der teilweise stark industrialisierten und aneinandergewachsenen Kleinstädte haben hier die Konzentration zentralörtlicher Einrichtungen – und damit auch die eindeutige Festlegung zentraler Orte im traditionellen Sinne – erschwert (vgl. Fischer 1994). Daneben spielten bei der Festlegung von Städteverbünden auch die kontroversen Diskussionen im politischen Raum um Anzahl, Ausweisung und Einstufung zentraler Orte im Zuge der Erarbeitung des LEP (vgl. Müller 1996b) eine Rolle. Diese waren ihrerseits jedoch – zumindest teilweise – in der dispersen Zentrenstruktur der betreffenden Regionen und den damit zusammenhängenden Problemen begründet. Hinzu kam der Wille der Landesregierung, im ostsächsischen Raum durch die Ausweisung eines oberzentralen Städteverbundes ein Zeichen mit politischer Signalwirkung zu setzen.

Neben der engen Verknüpfung der Vernetzungsidee mit dem System der Zentralen Orte, die – wenngleich weniger intensiv – auch im Raumordnungspolitischen Handlungsrahmen zum Ausdruck kommt, stellt der normative Charakter der Ausweisung von Städteverbünden in Sachsen den herausragenden Unterschied zu den meisten anderen Städtenetzen dar. Im Unterschied zur Konzeption der Städtenetze auf Bundesebene basiert Zusammenarbeit in sächsischen Städteverbünden nicht primär auf kommunaler Einsicht in die zu erwartenden Kooperationsvorteile. Vielmehr bemüht sich das Land mit der Ausweisung zentralörtlicher Verbünde um (selektive) Kooperationsimpulse für die Kommunen. Interkommunale Zusammenarbeit wird – zumindest teilweise – mit Hilfe persuasiver Instrumente angeregt, die eine quasi-regulative Wirkung entfalten: Im LEP sind Aussagen darüber enthalten, welche Städte und Gemeinden vorrangig für eine verstärkte interkommunale Zusammenarbeit in Betracht kommen. Die Notwendigkeit lokaler Abstimmung über zentralörtliche Einrichtungen ist angesichts knapper Haushalte ein Gebot der Stunde und für die Kommunen einsichtig. Die Forderung nach Einvernehmlichkeit über die zukünftige Entwicklung ist zwar lediglich in der Begründung des Landesentwicklungsplans enthalten und kommunalrechtlich nicht abgestützt, kann jedoch in der Genehmigungspraxis einen Handlungsdruck auf die Kommunen erzeugen.

Offen bleibt zunächst, ob und wie die Kommunen auf die Festsetzungen des Landes reagieren, inwieweit sie die Kooperationsimpulse aufnehmen, ob die Zusammenarbeit auf die zentralörtlichen Funktionen beschränkt bleibt oder ob sie auch andere relevante kommunale Aufgaben erfaßt, durch welche komplementären Maßnahmen des Landes die Zusammenarbeit der Kommunen gefördert und damit die Umsetzung des LEP verbessert werden kann, sowie die Frage, ob und inwieweit Kooperation längerfristig stabilisiert und für die Bevölkerung der betroffenen Städte und Gemeinden konkret nutzbar gemacht werden kann.

Diese Fragen sind Gegenstand eines Forschungsvorhabens, das – ähnlich wie im Fall der ausgewählten Städtenetze in der Bundesrepublik Deutschland im Rahmen des ExWoSt-Forschungsfeldes – ausgewählten sächsischen Städteverbünden eine wissenschaftliche Begleitung bietet [1]. Am Beispiel von zwei sächsischen Städteverbünden – dem Oberzentralen Städteverbund Bautzen–Görlitz–Hoyerswerda in Ostsachsen und dem Mittelzentralen Städteverbund Auerbach–Ellefeld–Falkenstein–Rodewisch im Vogtland – werden sowohl die Rahmenbedingungen als auch die Leistungsfähigkeit und die Entwicklungsmöglichkeiten kooperativer Strukturen von Städteverbünden untersucht. Dabei geht es u.a. darum, die Funktionsweise der Städteverbünde zu analysieren, Grenzen der Leistungsfähigkeit des zur Verfügung stehenden Instrumentariums zu erkennen und Möglichkeiten zur Anwendung bzw. Weiterentwicklung des Ansatzes der Ausweisung von Städteverbünden zu benennen. Neben der (eher distanzierten) Beobachterrolle wird von der wissenschaftlichen Begleitung – ähnlich wie im Fall der ExWoSt-Städtenetzforschung – erwartet, daß sie sich in den Kooperationsprozeß selbst gestaltend, beratend und vor allem moderierend einbringt.

Kurzportrait der Städteverbünde

Die im Rahmen des Forschungsvorhabens wissenschaftlich begleiteten Städteverbünde stehen für zwei Ansätze von Netzen mit unterschiedlicher "Knotenstärke" und "Maschenbreite" sowie mit unterschiedlichen funktionalen Strukturen und Interaktionsansätzen. Städtischen Zentren im ländlichen Raum, zwischen denen für die gemeinsame Wahrnehmung zentralörtlicher Funktionen beachtliche Distanzen (jeweils ca. 40 – 60 km) liegen, stehen kleinere Städte und Gemeinden im verdichteten Raum gegenüber, die in unmittelbarer Nachbarschaft zueinander liegen und die in vielfältigen funktionalen Beziehungen zueinander stehen. In Bezug auf den Netzgedanken und die damit verbundene Innenorientierung unterscheiden sich die beiden Städteverbünde beträchtlich. Während innerhalb des mittelzentralen Verbundes relativ starke Verflechtungen verschiedenster Art ausgeprägt sind und bereits in der Weimarer Republik die auch heute immer wieder aufkeimende Idee bestand, die vier Gemeinden zu einer "Göltzschtalstadt" zu vereinen, ist der Oberzentrale Städteverbund durch unterschiedliche und starke Außenorientierungen gekennzeichnet. Die bisherige Schwäche der Innenbezüge ist dabei im Zusammenhang mit den räumlichen Distanzen zu sehen.

Oberzentraler Städteverbund Bautzen–Görlitz–Hoyerswerda

Der Oberzentrale Städteverbund Bautzen–Görlitz–Hoyerswerda wird von drei Städten gebildet, die auf den ersten Blick nur wenig Gemeinsamkeiten bzw. verbindende Elemente aufweisen. Gleichwohl bilden sie – trotz oder gerade wegen ihrer jeweiligen "Einbindung" in eigene regionale Bezugsfelder (Bautzen als Zentrum der sorbisch geprägten Oberlausitz, Görlitz als Stadt im Grenzraum, Hoyerswerda mit seinen bergbau- und energiewirtschaftlich bedingten Bezügen nach Südbrandenburg) – ein Städtedreieck, dem als Motor der Entwicklung in Ostsachsen eine wesentliche regionale und überregionale Bedeutung zukommt.

Prägende Elemente der Wirtschaft von Bautzen und Görlitz waren (und sind) vor allem der Waggonbau und die elektrotechnische bzw. die Elektrogeräteindustrie. Für Hoyerswerda bilden der Bergbau- und Energiesektor sowie das Baugewerbe und der tertiäre Sektor (Handel- und Dienstleistungen) die wesentliche ökonomische Basis. Hoyerswerda war im ost- und mittelsächsischen Raum zudem bereits vor der Wende als eine Stadt mit einem guten Warenangebot bekannt. Heute bemüht man sich, an diese Funktion anzuknüpfen, kann aber – anders als z.B. Görlitz oder Bautzen – kaum "gewachsene" urbane Strukturen bieten.

Mit Bautzen, Görlitz und Hoyerswerda sind Städte zur Zusammenarbeit gehalten, die eine Reihe gemeinsamer Probleme aufweisen. Sie mußten in der jüngeren Geschichte bzw. in der jüngsten Vergangenheit zum Teil erhebliche Bedeutungsverluste hinnehmen und stehen heute vor erheblichen Strukturproblemen.

- Görlitz fungierte bis in die dreißiger Jahre als Oberzentrum für den niederschlesischen Raum und nahm diese Stellung zwischen den Zentren Dresden und Breslau wahr. Mit der Abtretung des größten Teils Schlesiens an Polen und der Teilung durch die polnische Westgrenze geriet die Stadt in eine Grenzlage und verlor ihr östliches Umland. Görlitz – eine Stadt mit etwa 67.000 Einwohnern – hat heute mit den Schwierigkeiten seiner Grenzlage zu kämpfen (Verkehr, periphere Lage, polnische Konkurrenz). Gleichzeitig weist die Stadt einen sehr umfangreichen und wertvollen Altbaubestand in der Innenstadt auf, den es dringend zu sanieren gilt, dessen adäquate Nutzung aber auch durch den anhaltenden Exodus der Stadtbevölkerung nach Westen und in das engere Umland der Stadt offen ist.

- Hoyerswerda war bis in die fünfziger Jahre hinein eine kleine Landstadt, wurde dann jedoch zu einem Zentrum des Braunkohletagebaus und der Energiewirtschaft in der DDR und konnte seine Einwohnerzahl als neu etablierter Wohnstandort der in diesen Bereichen Beschäftigten in kurzer Zeit fast verzehnfachen. Heute ist Hoyerswerda – mit gegenwärtig noch über 60.000 Einwohnern – stark durch den Arbeitsplatzverlust in den Zweigen betroffen, welche bisher das existentielle Fundament der Stadt darstellten.

- Bautzen als kleinste Stadt des Verbundes (46.000 Einwohner) weist die breite Palette der "typischen" Probleme der Städte in den ostdeutschen Ländern auf:

hohe Bevölkerungsverluste vor allem durch die Abwanderung (welche sich mittlerweile vor allem auf das Umland bezieht), Arbeitslosigkeit, Altstadtsanierung und ein enger finanzieller Spielraum der Kommune mit entsprechenden Auswirkungen auf künftige Investitionen. Hinzu kommt, daß die Handlungsmöglichkeiten der Stadt im Verhältnis zu den Partnern im Städteverbund eingeschränkt sind, da Bautzen als (kreisangehörige) Große Kreisstadt nicht über die Kompetenzen kreisfreier Städte verfügt.

Keine der drei Städte kann zum gegenwärtigen Zeitpunkt allein die Rolle eines Oberzentrums der Region wahrnehmen. Gleichwohl weisen die Städte einzelne funktionale Schwerpunkte z.b. hinsichtlich Behörden, medizinischer Versorgung, des Kultur- und Veranstaltungsbereichs oder der Bildungseinrichtungen auf. Die Verkehrsanbindung vor allem von Bautzen und Görlitz ist relativ gut (künftige Autobahn A4, Inter-Regio-Verbindung nach Dresden), während Hoyerswerda hinsichtlich Infrastruktur und Reisezeiten (nach Dresden oder Berlin, aber auch innerhalb des Verbundes nach Görlitz) eher abseits liegt, was sich negativ auf die Potentiale des gesamten Städteverbundes auswirkt.

Mittelzentraler Städteverbund Auerbach–Ellefeld–Falkenstein–Rodewisch

Der Städteverbund Auerbach–Ellefeld–Falkenstein–Rodewisch ist im sächsischen Vogtland gelegen und besteht aus drei Städten und einer Gemeinde unterschiedlicher Größenordnung mit zusammen ca. 42.000 Einwohnern. Größte Stadt des Verbundes ist die Stadt Auerbach mit ca. 21.000 Bewohnern, die bisher Sitz der Kreisverwaltung des inzwischen aufgelösten Landkreises Auerbach war. Die Städte Falkenstein und Rodewisch zählen ungefähr 9.500 bzw. 8.500 Einwohner. Ellefeld ist mit 3.300 Einwohnern die kleinste Gemeinde des Verbundes.

Die vier Kommunen bilden ein relativ deutlich ausgeprägtes und sich von Nord nach Süd erstreckendes Siedlungsband in der Tallage der Göltzsch. Die jeweiligen Siedlungsflächen gehen teilweise ineinander über oder sind nur durch sehr schmale Freiraumbereiche getrennt. Das Gebiet des Verbundes sowie ein großer Teil seines näheren Umlandes und Mittelbereiches gehören laut LEP der Gebietskategorie "Verdichteter Raum" an.

Abgesehen von der ehemaligen Bergbautradition in Falkenstein und der auch historisch gewachsenen Bedeutung der Stadt Auerbach als Behördenstadt war das Göltzschtal bis zur Wende wirtschaftlich vor allem durch die Textil- und Bekleidungsindustrie geprägt. Ein Großteil dieser Branche hat jedoch den wirtschaftlichen Strukturwandel nicht überstanden, so daß die Städte und Gemeinden heute vor gravierenden Strukturproblemen stehen (Arbeitslosigkeit, Altindustrieflächen, Sanierungserfordernisse).

Bezüglich der zentralörtlichen Funktionen läßt sich – zumindest nach formalen Kriterien – für den Städteverbund insgesamt eine "Vollausstattung" als Mittelzentrum feststellen. Die Einrichtungen in den einzelnen Städten weisen dabei unterschiedliche

Schwerpunkte – beispielsweise hinsichtlich Kultur-, Bildungs- und Sozialeinrichtungen oder Sport- und Freizeitmöglichkeiten – auf. Keine Stadt könnte allein annähernd das gesamte Spektrum mittelzenraler Funktionen erfüllen. Somit kann der Städteverbund im Göltzschtal als gutes Beispiel für die oben beschriebenen Siedlungs- und Versorgungsstrukturen in einzelnen sächsichen Teilräumen angesehen werden.

Städteverbünde als "Kooperationsexperiment"

Nach der kurzen Laufzeit des Forschungsvorhabens und angesichts der hohen Dynamik der Entwicklung der Zusammenarbeit ist es zum gegenwärtigen Zeitpunkt kaum möglich, valide und verallgemeinerungsfähige Schlußfolgerungen aus den bisherigen Kooperationsansätzen in den beiden Städteverbünden zu ziehen. Gleichwohl lassen sich die Grundzüge der Zusammenarbeit erkennen und vorsichtige "Zwischenbemerkungen" formulieren. Sie betreffen in erster Linie Kooperationsfelder und Fragen der Organisation sowie die Sicht- und Verhaltensweisen der Akteure.

Mittelzentraler Städteverbund Auerbach-Ellefeld-Falkenstein-Rodewisch

Schon früh nach der Erklärung der Verbindlichkeit des Landesentwicklungsplans fanden sich die Verwaltungsspitzen der vier Kommunen des Mittelzentralen Städteverbundes Auerbach-Ellefeld-Falkenstein-Rodewisch Ende 1994 zu einer ersten gemeinsamen Sitzung zusammen, um über den Städteverbund ins Gespräch zu kommen und das weitere Vorgehen abzustimmen. Vorangegangen waren strittige Auseinandersetzungen mit dem Staatsministerium für Landesentwicklung und Umwelt über die Notwendigkeit und Sinnhaftigkeit eines "Städteverbundes". Dabei waren es insbesondere die Vertreter der größten Stadt, die dem "verordneten" Verbund eher skeptisch bis ablehnend gegenüberstanden, dann aber, sich dem "Schicksal fügend", stärker in die Offensive gingen und heute den Verbund aktiv voranbringen wollen. Die (anfängliche) Skepsis war (und ist z.T. auch noch) u.a. in Befürchtungen begründet,

– durch den Städteverbund die zunächst der Stadt allein zugesprochene mittelzentrale Bedeutung einzubüßen (vgl. Gesetz über die Vorläufigen Grundsätze und Ziele zur Siedlungsentwicklung und Landschaftsordnung im Freistaat Sachsen vom 20. Juni 1991),

– zur einvernehmlichen Abstimmung von Planungen und Maßnahmen mit den Nachbargemeinden verpflichtet zu werden und damit grundlegende Freiheitsgrade der kommunalen Planungshoheit zu verlieren.

Seit der ersten gemeinsamen Sitzung finden regelmäßige Treffen – meist im Monatsrhythmus – statt, bei denen im Beisein von Vertretern des Landratsamtes und der Regionalen Planungsstelle Südwestsachsen sowie der wissenschaftlichen Begleitforschung aktuelle Planungen und Vorhaben vorgestellt werden und über gemeinsame längerfristige Projekte sowie Kooperationsfelder diskutiert wird.

Die jeweilige Tagesordnung wird im Detail zwar kurzfristig erstellt, sie beinhaltet aber Themenschwerpunkte, die seitens einer "kleinen Runde" von Vertretern der vier Gemeinden in einem Zeitplan für das Jahr 1995 festgelegt worden sind. So standen beispielsweise die Wohnbaulandentwicklung, die Schulplanung, die Entwicklung des Tourismus- und Freizeitangebotes oder die Bestandsermittlungen mittelzentraler Einrichtungen und Fragen des Einzelhandels zur Diskussion.

In einer Studie wurden Fragen der mittelzentralen Ausstattung und Funktionen behandelt und die Situation des Einzelhandels im Städteverbund analysiert (Müller, Schmidt, Beyer 1995). Während die Untersuchungen im ersteren Fall auf die Aussagen des LEP zurückgingen, entsprach die Analyse der Einzelhandelsstruktur einem dringenden Anliegen der Mitglieder des Städteverbundes: Die Städte Auerbach, Falkenstein und Rodewisch hatten unabhängig voneinander Handelsstrukturgutachten in Auftrag gegeben, die einer synoptischen Betrachtung bedurften, da die Gemeinden zwar die Ergebnisse der von ihnen selbst in Auftrag gegebenen Gutachten kannten, jedoch kaum Informationen über die Struktur der Einzelhandelseinrichtungen in den Nachbargemeinden oder die Empfehlungen der übrigen Gutachten besaßen.

Als erstes größeres gemeinsames Projekt wurde die Vorfinanzierung eines Straßenausbaus "beschlossen", für den der Landkreis Auerbach die erforderlichen Eigenmittel nicht zur Verfügung stellen konnte. Des weiteren wurde ein gemeinsamer Veranstaltungskalender für 1996 erarbeitet. Im ersten Quartal 1996 ist - gemeinsam mit Vertretern aus dem privaten bzw. Verbandsbereich - die diskursive Erarbeitung eines Leitbildes für das Göltschtal sowie eine Synopse der Flächennutzungspläne der Gemeinden vorgesehen. Eine konkrete Zusammenarbeit der Verwaltungen der Mitglieder des Städteverbundes bahnt sich u.a. im Hinblick auf gemeinsame Beschaffung, den Austausch bzw. die gemeinsame Nutzung von Maschinen der jeweiligen Bauhöfe etc. an.

Oberzentraler Städteverbund Bautzen-Görlitz-Hoyerswerda

Im Gegensatz zu der bereits erprobten Kooperation im Mittelzentralen Städteverbund muß sich die Zusammenarbeit im Oberzentralen Städteverbund Bautzen-Görlitz-Hoyerswerda noch finden. Auch hier gab (und gibt) es Vorbehalte gegenüber der staatlich induzierten Zusammenarbeit von Partnern mit wenigen "offensichtlichen" Gemeinsamkeiten. Die Skepsis wird vor allem durch die größte Stadt im Verbund zum Ausdruck gebracht. Gleichwohl war man - trotz des erforderlichen Mehraufwandes der Verwaltung bei äußerst ungewissen Erfolgsaussichten - in allen drei Städten von Beginn an zur Beteiligung am "Experiment Städteverbund" bereit.

Ende November 1995 hat sich im Oberzentralen Städteverbund eine Steuerungsgruppe, bestehend aus den Oberbürgermeistern der drei Städte, konstituiert und nach einer Diskussion über Kooperationshemmnisse und mögliche gemeinsame Arbeitsfelder die Gründung dreier Arbeitsgruppen beschlossen. Diese sollen sich auf der Dezernentenebene mit den Themenbereichen Verkehr, Bildung und Kultur beschäftigen, wobei jede Stadt die Federführung für jeweils ein Themenfeld übernimmt. Die Arbeit der Gruppen soll Anfang 1996 beginnen. Als zusätzliches Themenfeld sollen Fragen einer verstärkten Zusammenarbeit im Bereich Wirtschaftsförderung bzw. Städte-Regionalmarketing – unter Federführung der drei Oberbürgermeister – behandelt werden. Gleichwohl ist anzumerken, daß die interkommunale Zusammenarbeit für die drei Städte weder ein neues Arbeitsfeld noch ein neuer Ansatz ist. Abgesehen von historischen Verbindungen zu anderen Städten wurden und werden vielfältige Städtepartnerschaften aufgebaut bzw. gepflegt. Außerdem sind die Städte Mitglieder kommunaler Vereinigungen und Verbände. Und schließlich wurden – zumindest teilweise – auch mit Nachbargemeinden (z.B. bei der Erschließung und Bereitstellung von Gewerbeflächen) gemeinsame Entwicklungen verfolgt. Im Kulturbereich besteht bereits eine Zusammenarbeit, die sich beispielsweise in gemeinsamen Theaterproduktionen und gegenseitigen Ensemblegastspielen des Musiktheaters Görlitz und des Theaters Bautzen äußert.[2]

Ausblick

Faßt man die sich bisher abzeichnenden Zwischenergebnisse der Kooperation in Städteverbünden in Sachsen zusammen, so lassen sich Indizien dafür finden, daß interkommunaler Kooperationsbedarf eher aus Zwängen als aus Einsicht artikuliert wird und daß Kooperationserfordernisse von Städten und Gemeinden zudem relativ spät wahrgenommen werden. Dies ist u.a. darauf zurückzuführen, daß Entscheidungsträger häufig "übersensibel" auf Eingriffe in ihre Entscheidungsautonomie reagieren und mit Kooperation die potentielle Minderung von Entscheidungsspielräumen verbinden. Dadurch wird – so eine These – der Blick der Akteure für Stärken der Kooperation und für Synergieeffekte, die aus gemeinsamem Handeln enstehen können, versperrt. Kooperation wird dann noch mehr als ohnehin erforderlich eher als Krisenmanagement denn als Chance zur gemeinsamen Entwicklung zukunftsgerichteter und innovativer Konzepte verstanden. Der Aufwand, der für Kooperation von den Beteiligten geleistet werden muß, ist dadurch überproportional groß.

Der sächsische Weg, mit Hilfe des LEP Kooperationsimpulse in den kommunalen Bereich zu lenken und interkommunale Kooperation zu initiieren, setzt an diesem "Teufelskreis" an. Städteverbünde existieren zunächst nicht aufgrund von Freiwilligkeit und Eigenverantwortung der Kommunen. Ihre Ausweisung rief im Gegenteil zunächst Skepsis und Ablehnung bei denjenigen Kommunen hervor, die sich als die "natürlichen" Zentralen Orte in ihren Regionen verstanden.

Gleichwohl ist zu beachten, daß der landespolitische Ansatz – und dies gilt nicht als Selbstverständlichkeit in Deutschland und ist auch nicht generell übertragbar – im kommunalen Raum auf Bereitschaft zum "Experiment" gestoßen ist. Dies ist nicht zuletzt darauf zurückzuführen, daß der Ausweisung von Städteverbünden eine regional- und kommunalpolitische Sinnhaftigkeit zugrunde liegt. Kooperation in Städteverbünden wird jedoch nur dann erfolgreich sein können, wenn die gemeinsamen Entwicklungsziele, Problemlösungsstrategien und Vorhaben der kooperierenden Gemeinden in der Zukunft dauerhaft "von unten" getragen werden.

Der Landesentwicklungsplan als normatives Instrument zeichnet vor diesem Hintergrund in einem weit ausgelegten Rahmen der "Kooperationsverpflichtung" in bestimmten Fällen lediglich nach, was ohnehin plausibel und zweckmäßig erscheint. Daß die Zusammenarbeit bisweilen von außen moderiert oder initiiert werden sollte, ist durchaus mit dem Anspruch des Städtenetzansatzes vereinbar. Zu guter Letzt läßt sich sicherlich darüber streiten, ob es zeitgemäßer Planungsphilosophie und Politik entspricht, daß hier die kommunale Ebene vom Land zur Zusammenarbeit "gezwungen" wird. Erwiesen ist jedoch nicht, daß die Konstrukte der sächsischen Städteverbünde sich deshalb nicht als gut funktionierende Netzwerke weiterentwickeln können.

Anmerkungen

1 Auftraggeber ist das Sächsische Staatsministerium für Umwelt und Landesentwicklung. Der Auftrag wurde im August 1995 an den Lehrstuhl für Raumordnung an der TU Dresden vergeben.
2 Diese Kooperationen sind durch das Sächsische Kulturraumgesetz (ebenfalls eine sächsische Besonderheit) initiiert worden, welches die regionale Kulturarbeit und -förderung regelt.

Literatur

BMBau: Bundesministerium für Raumordnung, Bauwesen und Städtebau (1994): Einbindung städtebaulicher Aktivitäten im ländlichen Raum in überörtliche Handlungskonzepte. Bonn.
BMBau: Bundesministerium für Raumordnung, Bauwesen und Städtebau (Hrsg.) (1995): Raumordnungspolitischer Handlungsrahmen. Beschluß der Ministerkonferenz für Raumordnung in Düsseldorf am 8. März 1995. Bonn.
Fischer, F. (1994): Struktur, Probleme und Perspektiven der gastgebenden Region Chemnitz-Erzgebirge. In: Akademie für Raumforschung und Landesplanung: Regionalplanertagung Sachsen am 9./10.1993 in Friedebach (Arbeitsmaterial Nr. 205). Hannover.
Freistaat Sachsen (1994): Landesentwicklungsplan Sachsen 1994. Dresden.
Fürst, D., E.-H. Ritter (1993): Landesentwicklungsplanung und Regionalplanung. Ein verwaltungswissenschaftlicher Grundriß. Düsseldorf.
Gesetz über die Vorläufigen Grundsätze und Ziele zur Siedlungsentwicklung und Landschaftsordnung im Freistaat Sachsen vom 20. Juni 1991.
Goppel, K. (1994): Vernetzung und Kooperation – das neue Leitziel der Landesplanung. In: Raumforschung und Raumordnung 52, S. 101-104.
Keim, K.-D. (Hrsg.) (1995): Aufbruch der Städte. Räumliche Ordnung und kommunale Entwicklung in den ostdeutschen Bundesländern. Berlin.
Müller, B. (1994): Von räumlicher Koordination zu regionaler Kooperation – Perspektiven der Regionalplanung in der Bundesrepublik Deutschland. In: Akademie für Raumforschung und Landesplanung: Regionalplanertagung Sachsen am 9./10.1993 in Friedebach (Arbeitsmaterial Nr. 205). Hannover.
Müller, B. (1996a): Impulse aus dem Osten? – Erfahrungen und Perspektiven der Regionalplanung in den ostdeutschen Ländern. In: Akademie für Raumforschung und Landesplanung (Hrsg.): Wissenschaftliche Plenarsitzung 1995. Hannover (im Druck).
Müller, B. (1996b): Zentrale Orte als Etikett ohne Wert oder unverzichtbares Steuerungsinstrument? Zur Rolle von Zentralen Orten unterer Stufe in den ostdeutschen Bundesländern. In: Akademie für Raumforschung und Landesplanung (Hrsg.): Gemeinsame Arbeitstagung der ostdeutschen Landesarbeitsgemeinschaften am 3. und 4. November 1994 in Dessau. Hannover (im Druck).

Müller, B., O. Schmidt, B. Beyer (1995): Materialien zu mittelzentralen Einrichtungen und zur Handelsstruktur im Städteverbund Auerbach-Ellefeld-Falkenstein-Rodewisch. Dresden. (unveröffentlichtes Manuskript).

Ritter, E.H. (1995): Raumpolitik mit "Städtenetzen" oder: Regionale Politik der verschiedenen Ebenen. In: Die Öffentliche Verwaltung 48, S. 393-403.

Teil II:
Statements

Das Städte-Quartett
Damme, Diepholz, Lohne, Vechta
zwischen Kirchturmdenken
und regionaler Verantwortung

von Herbert Heidemann

Noch vor der wesentlich durch den Raumordnungspolitischen Orientierungsrahmen von 1993 initiierten Städtenetz-Diskussion nahmen die Städte Vechta, Lohne und Diepholz eine Zusammenarbeit auf, die, mittlerweile erweitert um die Stadt Damme, als Städtequartett Damme, Diepholz, Lohne, Vechta vom Bundesbauministerium im Rahmen des ExWoSt-Forschungsvorhabens "Städtenetze" gefördert wird.

Arbeitsteiliges Vorgehen

Von Beginn an ging es den Städten darum, sich abzustimmen und kostenintensive Vorhaben - z.B. Theater und Freizeiteinrichtungen - nicht mehrfach zu planen und zu realisieren. Die Lage im Raum erleichtert diese Vorgehensweise: Die Zentren liegen ca. 15 km voneinander entfernt und sind gegenseitig durch Bundes- und Landesstraßen für den Individualverkehr gut erreichbar.

Ausgangspunkt für die Kooperation war die Überlegung, in Einzelbereichen von der weiter bestehenden Konkurrenz zwischen den Städten abzurücken, also nicht selbst einen möglichst vollständigen Katalog kommunaler Leistungen zu präsentieren, sondern in Einzelfällen, beispielsweise bei Theater, Museen und Freizeiteinrichtungen, auf die Gegebenheiten in den Nachbarstädten zu verweisen. Das eigene Image leidet darunter nicht, aber die eigenen Finanzen werden geschont und die bessere Auslastung der jeweiligen Einrichtung ermöglicht.

Ähnliche Vorstellungen wurden auch zu weiteren Dienstleistungsangeboten entwickelt. In den vier Städten werden von unterschiedlichen Trägern Krankenhäuser betrieben. Eine Zusammenarbeit der Träger drängt sich geradezu auf und soll von den Städten angeregt werden. Nicht jedes Krankenhaus muß über das gesamte Arsenal von Spezialeinrichtungen verfügen. In Zeiten knapper Ressourcen ist eine Spezialisierung und Arbeitsteilung das Gebot der Stunde.

Gleiches gilt für Bildungseinrichtungen. Neben der Hochschule in Vechta sowie den Berufsakademien in Vechta und Diepholz gibt es Berufsbildende Schulen, Volkshochschulen und Musikschulen. Auch in diesem Segment kommunaler und staatlicher Dienstleistungen empfiehlt sich eine Kooperation über Gemeinde-, Kreis- und Bezirksgrenzen hinweg. Dies wird ebenfalls von den vier Städten in die Wege geleitet und bei den unterschiedlichen Trägern unterstützt.

Vernetzung

Neben der Kooperation bei Einzeleinrichtungen wird auch die gegenseitige verkehrliche und informationelle Vernetzung der vier Städte betrieben. Arbeitsteiliges Vorgehen bei Vervollständigung des Dienstleistungsangebots bekommt nur einen Sinn, wenn die Erreichbarkeit für die Bürger aus den vier Städten verbessert wird. Deshalb sind verschiedene Überlegungen zur Verbesserung des ÖPNV angestellt worden. Auch die Nutzbarkeit der Datenverarbeitungseinrichtungen in den vier Städten und Austausch von Informationen bis zu ganzen Programmen wird diskutiert. Daneben stehen Vorstellungen zur Anlegung eines Radwanderwegnetzes und zur Einrichtung eines Moorlehrpfades. War das Moor zwischen den Städten historisch eine natürliche Barriere, hat sich diese naturräumliche Gegebenheit mittlerweile zu einer Gemeinsamkeit entwickelt.

Regionale Verantwortung

Die abgestimmte Vorgehensweise zur Verbesserung der Infrastruktur und der Verweis auf die gemeinsamen Projekte und Einrichtungen der Partner im Städtequartett schafft neben dem Bewußtsein der eigenen Leistungsfähigkeit ein sich entwickelndes Wir-Gefühl. Das Städtequartett kann sich nach innen besser darstellen, den eigenen Bürgern einen umfassenderen Katalog an Dienstleistungsangeboten offerieren, aber besonders die Außendarstellung aufwerten. Nicht vier Städte, sondern ein Städtequartett mit nahezu 80.000 Einwohnern und einem umfassenden Dienstleistungsangebot präsentiert sich ansiedlungswilligen Unternehmen oder baulandsuchenden Bürgern. Aus diesem nun entstehenden Bewußtsein in der Bevölkerung und besonders in den Verwaltungen wird sich jedoch keine Frontstellung zu benachbarten Gemeinden entwickeln. Solche Befürchtungen mögen zwar auch geäußert werden, tatsächlich werden die Nachbarn aber von den Veränderungen der Städte im Städtequartett ebenfalls profitieren. Die sich herausbildende stärkere Infrastruktur wird als Angebot konzipiert. Damit ist eine Nutzungsmöglichkeit nicht nur für Einwohner aus dem Städtequartett gegeben, sondern für alle Bewohner der Region. Das ist beispielsweise für Theater, Museen, Bäder und andere Freizeiteinrichtungen durchaus erwünscht. Gleiches gilt für den ÖPNV. Eine Streckenführung unter Mißachtung der Nachbarn oder deren Interessen ist undenkbar. Das Verkehrskonzept muß die Vernetzung der vier Partner im Städtequartett sicherstellen, aber gleichzeitig durch die Streckenführung Nachbargemeinden nach Möglichkeit direkt einbinden und durch Fahrplangestaltung andere regionale Verkehre berücksichtigen. Auch die Datenvernetzung kann Nachbargemeinden berücksichtigen. Durch eine breite Nutzung ist eine günstigere Verteilung der Kosten gegeben.

Zusammenfassung

Das Städtequartett wird Vorteile für die vier Partnerstädte bringen, den Bewohnern und Betrieben unter dem Gesichtspunkt effektiven Kapitaleinsatzes ein breites Spektrum kommunaler und staatlicher Dienstleistungen eröffnen und damit eine weitergehende wirtschaftliche und kulturelle Aufwärtsentwicklung einläuten. Von dieser Verbesserung werden die Nachbargemeinden jedoch nicht ausgeschlossen. Es gibt keine "neuen Verlierer", sondern sie haben auch Anteil daran, können die mittel-, teilweise oberzentralen Einrichtungen mitnutzen und profitieren durch Einbindung in eine differenzierte Vernetzung.

Städtenetze in ihrer raumordnungspolitischen Dimension

von Peter Jurczek

Städtenetze stellen einerseits ein neues Forschungsfeld im Bereich der bundesdeutschen Raumordnung dar. Andererseits gibt es derzeit eine Inflation an entsprechenden Aktivitäten, um mögliche Kooperationsvorteile zu nutzen. Im folgenden soll auf einige der gestellten Leitfragen eingegangen werden, die in diesem Zusammenhang eine Rolle spielen.

Können Städtenetze nur durch Initiative von unten wachsen? Ist eine Moderation und Förderung durch die Landes- und Regionalplanung (oder einen anderen Akteur) sinnvoll und erforderlich?

Ausschließlich von unten bzw. aus eigenen Kräften können sich Städtenetze nur unzureichend entwickeln. Die daran beteiligten Gemeinden müssen zwar ihrerseits einen aktiven Beitrag leisten, um erfolgreich zusammenzuarbeiten; während der Anlaufphase müssen sie jedoch mannigfaltige Hilfestellungen erfahren. Insbesondere erscheint es notwendig, daß in den kooperationswilligen Städten der feste Wille zu einer langfristig angelegten Zusammenarbeit vorhanden ist. Des weiteren müssen die verschiedenen Fachebenen befähigt und bereit sein, an den diffizilen Abstimmungs- und Umsetzungsprozessen mitzuwirken. Interkommunale Kommunikation erfordert ein überdurchschnittliches Engagement aller Beteiligten, ebenso wie Geduld und Verständnis für die jeweiligen Kooperationspartner. Diese Grundvoraussetzung bezieht sich sowohl auf die fachliche Qualifikation als auch auf die zwischenmenschliche Integrität der Akteure. Schließlich ist es unabdingbar, eine Vielzahl externer Stellen und Entscheidungsträger in den Kooperationsprozeß einzubeziehen. Dabei ist es sinnvoll, die gemeinsamen Initiativen mit den etablierten Einrichtungen abzustimmen, um deren Mitwirkung zu erreichen.

Trotz der intra- und interkommunalen Aktivitäten erscheint eine Förderung durch die Landes- und Regionalplanung sinnvoll und angemessen. Dies betrifft sowohl die ideelle als auch die materielle Unterstützung. Ziel ist es, Städtenetze als mögliche neue Handlungsinstrumente der Raumordnungspolitik kennenzulernen und ggf. zu etablieren. Daher sollte sich die Landes- und Regionalplanung - zumindest informell - an den gemeinsamen Besprechungen und Informationsveranstaltungen beteiligen. Ebenso wäre zu prüfen, kooperationswillige Städte im Rahmen von Fördermaßnahmen vorrangig zu berücksichtigen, da diese zeigen, daß sie in der Lage und willens sind, konzeptionelle Überlegungen anzustellen und daraus resultierende Projekte gemeinsam umzusetzen.

Was die Moderation anbelangt, so ist diese unbedingt erforderlich. Dies hat mehrere Gründe. Zum einen ist es den in Frage kommenden städtischen Ämtern in der Regel nicht möglich, zusätzliche Aufgaben zu übernehmen. Zum anderen muß es sich um einen neutralen Moderator handeln, der die Interessen der Städte gleichberechtigt verfolgt und unter Umständen für einen Ausgleich untereinander sorgt. Allerdings ist darauf zu achten, daß die Moderation langfristig angelegt ist, um eine stetige Kontinuität in der Zusammenarbeit der beteiligten Gemeinden zu gewährleisten.

Können Städtenetze annähernd flächendeckend etabliert werden, oder handelt es sich eher um an bestimmte historische, geographische und politische Voraussetzungen geknüpfte Sonderfälle?

Am effektivsten dürfte die Arbeit in solchen Städtenetzen verlaufen, die an bestimmte historische, geographische und politische Voraussetzungen anknüpfen können. Dort sind in der Regel entsprechende Kontakte vorhanden, die auch die übergeordneten Stellen (z.B. derselben Region, desselben Bundeslandes) betreffen. Allerdings kommt es in starkem Maße auf den Willen der Akteure an, was besagt, daß eine erfolgreiche interkommunale Kommunikation nicht von selbst läuft, sondern lediglich auf der Basis zielstrebig vorgenommener gemeinsamer Aktivitäten. Insofern stellen Städtenetze Sonderfälle dar, denn von der Bereitschaft und Fähigkeit zur aktiven Zusammenarbeit ist nicht von vornherein auszugehen; sie muß vielmehr gewollt sein und gepflegt werden.

Abgesehen vom festen Willen zur Kooperation ist es durchaus denkbar, daß Städtenetze sich auch in solchen Räumen (z.B. über Kreis-, Landes-, Staatsgrenzen hinweg) etablieren, in denen es keine oder nur wenige historische, geographische und politische Gemeinsamkeiten gibt. Sie können unter Umständen sogar ein Instrument sein, um Konfliktsituationen zwischen verschiedenen Gemeinden zu minimieren bzw. zu lösen. Auch in diesem Fall muß allerdings der grundsätzliche Wunsch zur Zusammenarbeit vorhanden sein.

Was den vermeintlich flächendeckenden Charakter von Städtenetzen anbelangt, so kann dies bestenfalls mit einer Kooperation gleichberechtigter Partner erreicht werden (z.B. Oberzentren, Kreisstädte). Vorteilhaft sind darüber hinaus vergleichbare Einwohnerzahlen, Strukturmerkmale, Entwicklungspotentiale usw. In Ausnahmefällen können jedoch auch heterogen strukturierte Gemeinden ein Städtenetz bilden, um beispielsweise Entwicklungsprobleme innerhalb einer Region auszugleichen.

Obwohl unbedingt darauf zu achten ist, daß das jeweilige Umland der miteinander kooperierenden Städte in die konzeptionellen Überlegungen einbezogen wird, erzielen Städtenetze dennoch keine flächendeckende Wirkung. Sie können bestenfalls Motoren der regionalen Entwicklung darstellen, allerdings unter Stärkung der Innovationskraft der zentralen Orte.

Wie kann die Etablierung und Konsolidierung von Städtenetzen durch die Landes- und Regionalplanung unterstützt werden?

Die Landes- und Regionalplanung kann die Etablierung von Städtenetzen in mehrfacher Hinsicht unterstützten. Einerseits geht es um die ideelle Förderung solcher Gemeinden, die bereit sind, ein Städtenetz zu bilden. Andererseits sollten hierfür auch materielle Anreize gewährt werden, beispielsweise in Form einer Anschubfinanzierung von Moderationsleistungen. Ebenso erscheint es sinnvoll, daß sich die Landes- und Regionalplanung - zumindest informell - an den Kooperationsgesprächen der lokalen Entscheidungsträger beteiligen. Nicht zuletzt fällt ihnen die Aufgabe zu, gegenüber anderen Fachressorts zu vermitteln bzw. Informationen und Anregungen weiterzuleiten.

Im Rahmen der Konsolidierung von Städtenetzen erscheint die Unterstützung durch die Landes- und Regionalplanung gleichermaßen sinnvoll, angemessen und notwendig. Dabei geht es vor allem darum, die Innovationskraft der in einem Städtenetz zusammenarbeitenden zentralen Orte zu stärken, ohne daß deren regionale Funktion überproportional ansteigt. Insofern hat die Landes- und Regionalplanung auch die Aufgabe, ungewollte Verselbständigungsbestrebungen einzelner Städte zu dosieren und ihrer Zentralität gemäß zu entwickeln. Demgegenüber sollten miteinander kooperierende Gemeinden dann in überdurchschnittlichem Maße unterstützt werden, wenn deren Aktivitäten an die Zielsetzungen der Landes- und Regionalplanung angepaßt sind und deren Tätigkeit sinnvoll ergänzen. In solchen Fällen sollte überlegt werden, derartigen Städten mittels Gewährung spezifischer Fördermittel zu helfen, um ihnen zu ermöglichen, besonders innovative und zukunftsträchtige Projekte gemeinsam zu realisieren.

Ist eine eher informelle Organisationsform sinnvoll oder sollten rechtlich verfestigte Organisationen (eingetragener Verein, Zweckverband, GmbH) gebildet werden?

Während der Anlaufphase erscheint es sinnvoll, eine informelle Form der Zusammenarbeit vorzusehen. Diese sollte mindestens ein Jahr lang praktiziert werden, um die optimalen Kommunikationsstrukturen zu erproben. In diesem Zeitraum müssen sich die Arbeitsebenen konsolidiert haben, ebenso wie ein effektives, qualifiziertes Städtenetz-Management vorhanden sein sollte. Dabei ist auf Langfristigkeit zu achten.

Unter Umständen kann die Gründung eines eingetragenen Vereins, eines Zweckverbandes oder einer GmbH günstig sein, um zu gewährleisten, daß die gemeinsamen Aktivitäten von Dauer sind. Allerdings müssen hierfür Voraussetzungen gegeben sein, die eine solche Organisationsstruktur rechtfertigen (z.B. Etat, Personal). In Regionen bzw. Städten, wo bereits Interessensvereinigungen existieren, ist auf die Einrichtung einer neuen Organisation eher zu verzichten, da ansonsten Aufgabenüberschneidungen oder sogar Konkurrenz- und somit Konfliktsituationen entstehen können.

Städtenetze und interkommunale Kooperation – Notwendigkeiten, Grenzen und mögliche Handlungsanleitungen

von Jörg Maier

Zur Notwendigkeit von Städtenetzen und interkommunaler Kooperation

Ein Ausgangspunkt für die Beurteilung der Frage nach der Notwendigkeit bzw. den Grenzen von Städtenetzen im allgemeinen und in ländlichen Räumen im besonderen ist sicherlich der in den letzten Jahren zu beobachtende Trend zur weiteren wirtschaftlichen und gesellschaftlichen Konzentration auf die großen Metropolen und Agglomerationen sowie deren suburbane Räume, aber auch die bemerkenswerte Entwicklung der mittleren und vor allem größeren Städte in den ländlichen Räumen. Der Wettbewerb zwischen ihnen führt u.a. auch zu Absprachen und Kooperationen, unterstrichen noch dadurch, daß die schwierige Lage der öffentlichen Haushalte zur Überprüfung traditioneller Handlungsmuster von Staat und Kommunen zwingt und die Einsicht in die Notwendigkeit regionaler bzw. kommunaler Vernetzung und Zusammenarbeit wachsen läßt.

Chancen und Grenzen der Vernetzung und Kooperation

Sachverhalte und Formen

Zwar gab und gibt es bereits eine Fülle von Feldern einer solchen Zusammenarbeit seit vielen Jahren, sei dies in Gestalt der Arbeit in politischen, administrativen und planungsbezogenen Gremien, besonders jedoch auf den Gebieten der Infrastrukturplanung, deren Aufgaben in aller Regel von einer einzelnen Kommune nicht mehr erfüllt werden können. Zu erwähnen seien hier nur die Bereiche Ver- und Entsorgung, also Wasserver- und Abwasserentsorgung, Energieversorgung oder die Abfallwirtschaft. Meist findet sich als Organisationsform der Zweckverband, eine BGB-Gesellschaft oder ein Verein. Dies gilt mehr oder weniger auch für die Kultur-, Sozial- und

Bildungspolitik. Bei allen diesen bereits vollzogenen Kooperationen in Teilpolitiken standen die Kommunen jedoch meist "mit dem Rücken zur Wand". Weshalb werden nun neue Ansätze von Netzwerken bzw. Kooperationen benötigt?

Erklärungsansätze für eine Vernetzung dezentraler Strukturen

Aus der Sicht der Systemtheorie etwa lassen sich Netzwerke bzw. Kooperationen als "eine spezifische Form gesellschaftlicher Selbststeuerung auf der lokalen Ebene ansehen" (Kruzewicz 1993, S. 64), als Gegenbewegung zu staatlich-zentralistischer Handlungsweise und damit Ausdruck regionalen Selbstbewußtseins. Ein Problem mancher ländlicher Räume wird jedoch damit schon deutlich, fehlt es doch hierbei häufig an dazu notwendigem Humankapital und vorhandenen Steuerungsmöglichkeiten gesellschaftlicher Teilsysteme. Eine flächendeckende Übertragung des Instruments der Städtenetze auf alle ländlichen Räume, auch die peripheren ländlichen Räume, erscheint allein schon aufgrund des Mangels sowie der fehlenden Selbstverstärkungseffekte nicht möglich. Nimmt man nur die Erfahrungen der Entwicklungspol-Theorie und der dabei erwünschten "spill-over"-Effekte, so blieben diese auf die "métropoles d'équilibres", wenn überhaupt also auf die Oberzentren, beschränkt.

Aus der Sicht der Regulationstheorie werden solche Kooperationen als örtliche Bausteine einer neuen gesellschaftlichen Regulationsweise verstanden, die zur Bewältigung des erhofften Strukturwandels der Branchen und Regionen beitragen (a.a.O., S. 65f.). Auch hier ist die Grundbedingung die Existenz von lokalen Akteuren, die in der Lage und willens sind, die Produktions- und Reproduktionsbedingungen zu beeinflussen. Auch diese Erklärung setzt gewisse Minimum-Potentiale und damit Größendimensionen der Koordination voraus, wie sie vielfach erst in Mittel- und Oberzentren der ländlichen Räume vorhanden sind. Entwicklungschancen sind in verdichtungsnah gelegenen ländlichen Räumen oder in solchen mit gut strukturierten Zentren wohl weit eher als in peripheren, strukturschwachen ländlichen Räumen gegeben.

Beispiele konkreter Netzbildungen im kommunalen Bereich der ländlichen Räume Bayerns

Die Vernetzung dezentraler Strukturen auf kommunaler Ebene ist – wie bereits erwähnt – keineswegs neu. Dabei blieb es jedoch in aller Regel bei einer Kooperation nur auf Teilgebieten ohne allzu große Abgabe von Kompetenzen, was etwa bei gemeinsamen Gewerbegebiets-Ausweisungen bislang zu noch großer Zurückhaltung beiträgt.

Mit der Durchführung von Teilraum-Gutachten wurde zwar schon eine Grundlage zur Vernetzung geschaffen, da diese jedoch nur in sehr wenigen Fällen, etwa im Falle des Landkreises Kronach oder des Landkreises Bad Kissingen, zur konsequenten

Fortsetzung im Sinne eines regionalen/kommunalen Marketings geführt hat, ist zwar damit das Instrument für einen Ausbau dezentraler Netzstrukturen vorhanden, allerdings erfolgreich nur in Form der Umsetzung eines Regionalmanagements.

Wie die Erfahrungen mit einer Übertragung eines Städtenetz-Konzepts im Landkreis Wunsiedel i.F. bei kleinen Städten mit rd. 3.000 Einwohnern gezeigt hat, wird zwar der Wunsch nach einer Vernetzung von allen politischen und wirtschaftlichen Entscheidungsträgern unterstrichen, als Aufgaben dieser Netzstrukturen werden jedoch letztlich nur Bereiche mit überlokaler Wirkungsweise, etwa gemeinsame Tourismus-Werbung und allgemeine Imagepolitik, akzeptiert (Grüner 1993).

Wesentlich erfolgreicher sind die Bemühungen in Oberfranken um ein offensives Regionalmarketing bei maßgeblicher Trägerschaft der vier Oberzentren und der Mittelzentren. Ausgehend von der IHK Oberfranken-Bayreuth und mit beträchtlicher Unterstützung des Bayerischen Staatsministeriums für Landesentwicklung und Umweltfragen wurde nicht nur von Seiten der Universitäten Bamberg und Bayreuth ein Grundkonzept ausgearbeitet, sondern neben verschiedenen Kommunikations- und Werbestrategien auch ein Verein "Oberfranken offensiv" geschaffen, der die Interessen der Region aus der Region für die Region vorantreiben soll und an dessen Spitze der Regierungspräsident steht, unterstützt durch Vertreter der regionalen Wirtschaft, Politik und auch der Regionalwissenschaft.

Das nächste Beispiel trifft die Idee der Vernetzung von Strukturen im ländlichen Raum wohl am prägnantesten: das Städtenetz Landshut-Rosenheim-Salzburg (abgekürzt "LaRoSa"). Im April 1993 konzipiert, hat es inzwischen auch die formalen Hürden überwunden, wurde es doch am 7. Dezember 1993 auf der gemeinsamen Sitzung von regionalem Planungsausschuß und Planungsbeirat des Regionalen Planungsverbandes Landshut als "Städtedreieck" begrüßt und beschlossen. Die Zusammensetzung dieses Städtenetzes belegt recht typisch die Ziele und Probleme solcher Verbindungen in ländlichen Räumen. Aufgrund der Distanz und Lage der drei Städte erscheint das Netz zunächst recht beliebig, und sicherlich wäre ein Zusammenschluß der Oberzentren im entfernteren Umfeld von München aufgrund der wohl ähnlichen Problemlagen sinnvoller und leichter vermittelbar gewesen. Dies war jedoch durch das zum gleichen Zeitpunkt gegründete Städtenetz MAI (München-Augsburg-Ingolstadt) verbaut.

Ansätze für Handlungsanleitungen zur Umsetzung

Wurden nun schon Handlungsansätze für die regionalen und kommunalen Entscheidungsträger ausgesprochen, so kann eine Einbindung dieser Netze in die Regional- und Landesplanung dadurch geschehen, daß sie als Ziele formuliert werden und über deren Träger, etwa Entwicklungsvereine, -gesellschaften oder -agenturen als Instrument in den Landesentwicklungsprogrammen (wie etwa in Bayern) und den Regionalplänen verankert werden. Damit wäre auch die Frage des Managements beantwortet, das – je nach Trägerschaft – von vorhandenen Institutionen der Regionalplanung über die erwähnten neuen Kooperationsformen bis hin zu zeitlich befristeten "Task-Forces" reichen kann.

Im inhaltlichen Mittelpunkt müßte ein regionales Entwicklungskonzept stehen, aufbauend auf einer Struktur- und Stärken-/Schwächen-Analyse, der Herausarbeitung von Visionen zukünftiger Entwicklung und einem Ziele-, Strategien- und Maßnahmenkatalog. Dabei müssen Aussagen nicht nur zu den Knoten des Netzes gemacht werden, sondern auch zu den Räumen im Maschennetz. Hierbei können die inzwischen hochentwickelten Konzepte regional orientierter Entwicklung einschließlich ihres neuen Schlagwortes der "nachhaltigen Regionalentwicklung" und ihrer integrierten Betrachtungsweise bei Ausschöpfung regionaler Chancen und ökologischer Vorstellungen wie auch marktwirtschaftlicher Denkweise eingesetzt werden. Die Weiterführung der Dorferneuerung in Richtung integrierte Konzepte kann hier ebenso weiterhelfen wie das Instrument des regionalen Marketings und der Umstrukturierung der kommunalen Verwaltung in Richtung von Dienstleistungsbetrieben.

Fazit: Vorläufige Arbeitsthesen

Da derzeit eine Reihe von empirischen Untersuchungen zu diesem Thema durchgeführt wird, um noch anstehende Fragen zu beantworten, können abschließend nur einige bislang formulierte Arbeitsthesen genannt werden:

- Städtenetze sind mehr als nur reine Infrastrukturvernetzung.
- Städtenetze sind mehr als die Zusammenarbeit von Kommunen bei kurzfristigen Projekten, sie sind in aller Regel eher langfristig und strategisch angelegt.
- Städtenetze kommen auf die Dauer ohne eine gewisse Formalisierung nicht aus, andererseits darf die Formalisierung nicht zum Verlust von Kreativität beitragen.
- Städtenetze, die "von oben" festgelegt werden, haben wenig Chancen auf Erfolg.

Literatur

Grüner, A. (1993): Entwurf, Konzept und empirische Ausgestaltung eines regionalen Entwicklungskonzeptes für den Lkr. Wunsiedel im Fichtelgebirge. (unveröffentl. Diplomarbeit) Bayreuth 1993.

Kruzewicz, M.C. (1993): Lokale Kooperationen in NRW. Public-Private-Partnership auf kommunaler Ebene. Dortmund 1993.

Städtenetze – Raumordnungspolitisches Handlungsinstrument mit Zukunft?

von Katrin Fahrenkrug

Welche materiellen und immateriellen Komponenten machen ein Städtenetz aus?
Ein Städtenetz als Instrument der Stadtentwicklung und damit als raumordnungspolitisches Instrument wird durch folgende unverzichtbare Komponenten bestimmt:
- Mehrere gleichberechtigt kooperierende Partnerstädte,
- mehrere gemeinsame Handlungsfelder,
- Organisationsstruktur unter Einbeziehung der lokalen Verantwortlichen in den Handlungsfeldern,
- gemeinsame Überzeugung, durch die Kooperation Aufgaben besser bewältigen und daraus für alle Partner Nutzen ziehen zu können.

Können Städtenetze nur durch Initiative von unten wachsen?
Ist eine Moderation und Förderung durch die Landes- und Regionalplanung (oder einen anderen Akteur) sinnvoll und erforderlich? Die Initiative zur Bildung eines Netzes kann auch von außen kommen. Eine Entwicklung des Netzes ist jedoch nur von unten möglich, da die Überzeugung der Netzpartner vom gemeinsamen Nutzen der Lebensnerv ist. Davon unabhängig ist eine externe Moderation (soweit diese keine eigenen Interessen hat) sinnvoll, solange das Kooperationsvertrauen der Partner (insbesondere in den Verwaltungsstrukturen) noch im Aufbau ist.

Können Städtenetze annähernd "flächendeckend" etabliert werden oder handelt es sich eher um an bestimmte historische, geographische und politische Voraussetzungen geknüpfte Sonderfälle?

Eine nahezu flächendeckende Entwicklung sollte möglich sein, wenn diese unterschiedliche räumliche Bedingungen flexibel berücksichtigt.

Wie werden "normative" Städtenetze (Städteverbünde bzw. kooperierende Zentrale Orte als Ziele der Raumordnung) beurteilt, wie sie im Landesentwicklungsplan des Freistaates Sachsen festgelegt wurden?

Für dieses Modell gilt auch, daß vor einer Bewertung erste Erfahrungen vorliegen müßten. Meines Erachtens wird es darauf ankommen, ob es gelingt, einvernehmlich Städteverbünde zu normieren, die sich theoretisch auch eigenständig in diesen Zusammensetzungen finden könnten.

Wie kann die Etablierung und Konsolidierung von Städtenetzen durch die Landes- und Regionalplanung unterstützt werden?

Die beste Unterstützung wäre gegeben, wenn gemeinsame Projekte der Netze einen Förderbonus erhielten.

Fördern Städtenetze den raumordnungspolitisch erwünschten Abbau räumlicher Disparitäten oder erzeugen sie eher neue Verlierer, z.B. nicht vernetzte Städte bzw. Gemeinden in den "Maschen" des Netzes?

Dieser Effekt liegt weniger an den Netzstrukturen als an der darin gemachten Politik. Grundsätzlich dürfte gelten:

- Von einer Stärkung des Netzes profitieren auch die "Maschen".
- Eine effektive Aufgabenerfüllung im Netz stärkt in erster Linie das Netz, erweitert dadurch aber auch regional und überregional die Handlungsspielräume.
- Die Wirkung der Netze tritt eher im überregionalen Wettbewerb ein und sollte deshalb tendenziell zu einem Abbau von Disparitäten führen, insbesondere - und dies ist ein Hauptanliegen der Netzidee - zwischen Metropolregionen und Regionen mit mittelgroßen Städten.

Sind Städtenetze sinnvoll als temporäre Einrichtungen oder sollte raumordnungspolitisch eine Verfestigung angestrebt werden?

Wenn das Modell erfolgreich ist, wird sich eine grundsätzliche Verfestigung ergeben, die aber für Anpassungen an neue großräumige Bedingungen offen bleiben muß.

Ist eine informelle Organisationsform sinnvoll oder sollten rechtlich verfestigte Organisationen (eingetragener Verein, Zweckverband, GmbH) gebildet werden?

Für die Startphase tragen nur informelle Organisationen, um Motivation und Engagement zu gewährleisten.

Sind bereits Erkenntnisse aus der bisherigen Praxis und Begleitforschung der ExWoSt-Vorhaben bzw. Wünsche und Hinweise an die Bundes-Raumordnung zu formulieren?

Soweit bereits heute Erkenntnisse vorliegen, sind diese in die vorherigen Antworten eingegangen. Grundsätzlich wäre es jedoch verfrüht und gefährlich, schon nach wenigen Monaten Ergebnisse zu formulieren.

Städtenetze als Handlungsinstrument – Eine erste Einschätzung aus Sicht der Raumordnungspraxis

von Axel Priebs

In einer Gesellschaft mit hoher Veränderungsdynamik fällt der Raumordnung der nicht immer populäre Part zu, über den Tag hinaus gültige Ordnungskonzeptionen zu vertreten und gleichzeitig auf die langfristigen Folgen kurzfristiger Entscheidungen hinzuweisen. Zu nennen sind hier beispielhaft die Anstrengungen der Raumordnung zur Schaffung gleichwertiger Lebensbedingungen in allen Teilräumen, zum Erhalt ausgewogener Versorgungsstrukturen, zur Sicherung regionaler Freiraumsysteme sowie zur Festlegung von Vorrängen und Tabus bei raumrelevanten Nutzungsansprüchen.

Der Beitrag, den die Raumordnung damit - im eigentlichen Sinne einer "Ordnung des Raumes" - zu einer ressourcenschonenden und sozialverträglichen Raumentwicklung leistet, ist allerdings nicht geeignet, ihr einen Platz im politischen Rampenlicht zu verschaffen. Vielmehr sieht sich die Raumordnung trotz mancher Erfolge bei dieser Form der Langfriststrategie einem zunehmenden Druck ausgesetzt, auch kurzfristig und aktuell Einfluß auf die räumliche Entwicklung zu nehmen - namentlich durch die Aktivierung regionaler Potentiale oder durch die Initiierung bedeutsamer Schlüsselprojekte. Auch wenn das Stichwort "handlungsorientierte Raumordnung" relativ jung ist, sind umsetzungsorientierte Ansätze der Raumordnung nicht neu. Verändert haben sich freilich die Rahmenbedingungen: So bewegt sich Raumordnungspolitik nicht mehr in einem engen, fast ausschließlich administrativ geprägten Akteursumfeld, sondern muß die Kooperation mit einer Vielzahl gesellschaftlicher Gruppen und Entscheidungsträger suchen. Täglich können globale Wirkungszusammenhänge kurzfristig die Bewertung regionalökonomischer Potentiale völlig verändern und zuvor noch als sinnvoll erachtete regionalpolitische Strategien obsolet werden lassen. Und nicht zuletzt führt die gesellschaftliche und wirtschaftliche Liberalisierung zur Auflösung traditioneller gesellschaftlicher und räumlicher Ordnungskonstellationen und begünstigt die Ausdifferenzierung individueller Lebensstile.

In dieser Situation wäre die Raumordnung schlecht beraten, wollte sie sich ausschließlich auf die Gestaltung bzw. Bewahrung des räumlichen Ordnungsmusters konzentrieren. Schließlich ist Raumordnungspolitik stets auch als Teil der allgemeinen Gesellschaftspolitik zu sehen. Angesichts des faktischen Schwundes an gesamtgesellschaftlichem Konsens und einer pluralistischen Ausgestaltung gesellschaftlicher Leitbilder wächst der Raumordnung eine immer wichtigere Funktion als Mittlerin zwischen kontroversen, teilweise auseinanderdriftenden Interessenlagen regionaler Akteure zu. Allerdings muß die Raumordnung über diese "regionale Moderation" hinaus weitere flexible, "marktorientierte" Instrumente und Handlungsweisen entwickeln bzw. adaptieren, um die raumstrukturellen Folgen des wirtschaftlichen und gesellschaftlichen Wandels abzufedern.

Vor diesem gesellschaftlichen Hintergrund ist es nicht überraschend, daß der bereits aus den Natur- und Sozialwissenschaften bekannte Netzwerkansatz seit einigen Jahren eine räumliche Dimension bekommen hat und zuerst in der Wirtschaft, zunehmend aber auch unter Städten zur Herausbildung strategischer Allianzen und damit auch neuer räumlicher Verflechtungsbeziehungen geführt hat. Diese "städtische Vernetzung" in ihrer raumordnungspolitischen Relevanz thematisiert zu haben, ist eines der wesentlichen Verdienste des im Jahr 1992 vorgelegten Raumordnungspolitischen Orientierungsrahmens für die Bundesrepublik Deutschland. Ohne Zweifel hat dieses Dokument in der deutschen Raumordnung eine breite Diskussion zum Thema "Städtenetze" entfacht, wodurch es möglich wurde, daß der drei Jahre später beschlossene Raumordnungspolitische Handlungsrahmen hierzu deutlich differenziertere und konkretere Aussagen enthält (vgl. die einschlägigen Auszüge im Anhang dieses Bandes). So ist eine deutliche Abkehr von einem ausschließlich großräumigen, d.h. interregionalen bzw. internationalen Blickwinkel erkennbar, während sehr viel stärker die kleinräumige Vernetzung von Städten bzw. deren regionalpolitische Relevanz thematisiert wird. Ich persönlich kann mir ein Städtenetz als strategisches Raumordnungsinstrument ohnehin am besten in oberzentrenfernen ländlichen Räumen vorstellen. Hier dürfte der gemeinsame Gewinn durch die Bündelung von Potentialen, die Absprache bei Infrastrukturinvestitionen sowie die gemeinsame Außendarstellung am deutlichsten erkennbar sein - das niedersächsische Städtenetz Diepholz-Vechta-Lohne-Damme ist für mich in diesem Sinne ein außerordentlich interessantes und positives Beispiel (vgl. den Beitrag von Schneider und das Statement von Heidemann in diesem Band).

Besonders erfreulich ist es, daß sich die jüngeren Initiativen der Raumordnung auf Bundesebene nicht auf wohlklingende Formulierungen beschränken, sondern der Bund mit seinen ExWoSt-Mitteln die Begleitforschung zu elf konkreten Städtenetz-Projekten finanziert. Für die Raumordnungspraxis verspreche ich mir aus dieser Begleitforschung sehr grundsätzliche und weitreichende Aufschlüsse. Zu allererst ist mit der Auswertung des ExWoSt-Forschungsfeldes natürlich eine Antwort auf die zentrale Frage zu finden, ob die Städtenetze zukünftig - Seite an Seite mit dem Zentralörtlichen System, mit Vorranggebieten, Siedlungsachsen und anderen "klassischen" Instrumenten - den Instrumentenkasten der Raumordnung bereichern werden.

Immerhin steht für mich schon heute fest, daß ein Einsatz der Städtenetze als Raumordnungsinstrument an eine Reihe spezifischer Voraussetzungen geknüpft wäre. Erforderlich wäre zum einen ein konkreter Kooperationsanlaß bzw. ein strategischer Leitgedanke für das Städtenetz, zum anderen die mentale Bereitschaft sowie die Konsensorientierung der beteiligten lokalen und regionalen Akteure. Außerdem sehe ich - im Unterschied zu den traditionellen Instrumenten der Raumordnung - bei Städtenetzen durchaus auch die Möglichkeit des temporären Einsatzes; vergleichbar der Praxis in der Wirtschaft sind sie auch als "strategische Allianzen auf Zeit" denkbar, die nach Erreichung einer gemeinsamen Zielsetzung von den Partnern durchaus wieder aufgekündigt werden können.

Ein Blick auf die bereits konstituierten Städtenetze zeigt, daß diese in erster Linie Ausdruck der regionalen Selbstorganisation größerer oder kleinerer Städte sind. Viele Städte haben sich zusammengeschlossen, um gemeinsam besser in der Konkurrenz des europäischen Binnenmarktes bestehen zu können. Außerdem streben die Städte im Netzwerk die bereits erwähnten Synergieeffekte an, indem sie ihre Potentiale bündeln, Parallelinvestitionen vermeiden und an einem gemeinsamen Profil für die Außendarstellung arbeiten. Grundsätzlich sind derartige Strategien in einer auf Konkurrenz beruhenden Marktwirtschaft zulässig und erwünscht. Auch die Raumordnung erkennt den Wert derartiger "bottom-up"-Ansätze an - schließlich werden auf diesem Wege genau die "endogenen Potentiale" mobilisiert, die seit den 80er Jahren zu einer beliebten Beschwörungsformel der Raumordnungspolitik geworden sind.

Trotzdem muß die Raumordnung die wiederum unpopuläre Frage stellen, ob die teilweise wegen aktueller Problemlagen, teilweise aber auch recht zufällig zustandegekommenen Netzkonstellationen die eingangs von mir angesprochenen langfristigen raumordnerischen Leitvorstellungen - vor allem die Schaffung gleichwertiger Lebensverhältnisse in allen Teilräumen - eher stützen oder eher konterkarieren. Ich persönlich sehe durchaus die Möglichkeit des Interessenkonflikts zwischen einzelnen Vernetzungsansätzen und längerfristigen Raumordnungsvorstellungen. Dies könnte der Fall sein, wenn strukturschwache Kommunen außerhalb von Städtenetzen stehen und ihnen die komparativen Vorteile der vernetzten Konkurrenten - etwa Einsparungen bei Infrastrukturinvestitionen oder die Früchte gemeinsamer Marketingstrategien - verwehrt werden. Da es kaum möglich sein wird, auf freiwilliger Basis flächendeckend Städtenetze entstehen zu lassen, können durch das "Windhundprinzip" bei der Vernetzung durchaus neue räumliche Ungleichgewichte entstehen.

Wie kann unter den skizzierten Bedingungen ein konstruktiver Umgang der Landes- und Regionalplanung mit den Städtenetzen aussehen? Über ihre Eignung als Instrument im normativen Sinne, wie sie im Landesentwicklungsplan des Freistaates Sachsen bereits unterstellt wurde (vgl. hierzu den Beitrag von Müller und Beyer in diesem Band), sollte meines Erachtens erst nach Auswertung der ExWoSt-Modellvorhaben entschieden werden. Derzeit kommt es für mich in erster Linie darauf an, die an sich ja begrüßenswerten Initiativen "von unten" raumordnerisch aktiv zu begleiten. Nur so kann die Raumordnung ihren regionalen Moderationsanspruch glaubwürdig vertreten. Allerdings ergibt sich meines Erachtens aus den aufgezeigten Gefahren auch, daß die Raumordnung nicht sämtliche regionalen Initiativen zur Bildung von Städtenetzen per definitionem gutheißen kann. Sie muß vielmehr anhand ihrer Leitvorstellungen prüfen, ob das jeweilige Städtenetz sinnvoll ist. Sehr viel Sensibilität erfordert es dann, mit fachlicher und politischer Überzeugungsarbeit solche räumlichen Vernetzungen zu fördern, die auch in einem langfristigen raumordnungspolitischen Zusammenhang sinnvoll sind. Ist die Sinnhaftigkeit aus Sicht der Raumordnung bzw. ihrer langfristigen Leitvorstellung nicht gegeben, muß sie rechtzeitig mit "weichen", d.h. persuasiven Mitteln zu intervenieren versuchen. Im Idealfall kann es aber auch gelingen, im Dialog mit den Kommunen gemeinsam sinnvolle Vernetzungen zu initiieren und zu verhindern, daß ohnehin raumstrukturell benachteiligte Kommunen ausgeschlossen werden bzw. noch weiter ins Abseits gedrängt werden.

Thematisiert wird in der noch jungen Städtenetz-Diskussion häufig eine deutliche Sorge bezüglich der Netzmaschen, d.h. der kleinen ländlichen Ortschaften zwischen den Netzknoten. Die Gefahr der Benachteiligung dieser Orte sehe ich persönlich zumindest bei den intraregionalen Städtenetzen jedoch als nicht so gravierend an. In dem Maße nämlich, in dem durch die Vernetzung von kleineren und mittleren Städten und die gegenseitige Ergänzung ihrer Potentiale deren gemeinsame Attraktivität steigt, wird die Region insgesamt gestärkt, z.B. durch Bindung regionaler Kaufkraft, was wiederum zur Sicherung und vielleicht sogar Schaffung von Arbeitsplätzen beiträgt. Damit steigt auch der Nutzen der Vernetzung für die benachbarten kleineren Siedlungen. Allerdings erhoffe ich mir auch bezüglich dieser Fragestellung wertvolle Aufschlüsse von der Begleitforschung zu den Modellvorhaben. Ohne Zweifel stellt die Städtenetz-Diskussion eine interessante Herausforderung für die praktische Raumordnung und die raumwissenschaftliche Diskussion dar. Zum einen, weil es sich um einen neuen, flexiblen Ansatz handelt, der durchaus eines Tages das konventionelle, langfristig wirksame raumordnerische Instrumentarium bereichern könnte. Zum zweiten, weil die Initiative in der Regel von Kommunen ausgeht und die Raumordnung eher in einer begleitenden und moderierenden, ggfs. auch fördernden Rolle gefragt ist. Drittens beleuchtet die Städtenetz-Diskussion exemplarisch die Schwierigkeiten, denen die Raumordnung bei ihrer Gratwanderung zwischen dem "Beharren" auf langfristigen Ordnungsvorstellungen und der Not.

Teil III:
Anhang

Netze im Städtesystem aufbauen*

...

Bereits heute hat Deutschland ein im internationalen Vergleich vielfältiges Geflecht größerer und mittlerer Städte, die untereinander durch wirtschaftliche, verkehrliche und kulturelle Beziehungen vielfältig verflochten sind. Eine ähnliche Vielfalt gibt es in Europa nur noch in Oberitalien.

Das städtische Siedlungssystem Deutschlands ist ein eng vernetztes, polyzentrisches Gefüge von größeren und kleineren Städten und Stadtregionen, in das auch die ländlichen Gebiete wirtschaftlich, sozial und kulturell mehr oder weniger stark eingebunden sind. Unterschieden werden dabei monozentrisch strukturierte Stadtregionen wie München und Berlin von polyzentrisch strukturierten Stadtregionen wie dem Rhein-Ruhr-Gebiet. Dort gibt es nicht nur eine überragende Stadt, sondern mehrere gleichrangige Städte.

Das Problem

Insgesamt gibt es in der Bundesrepublik Deutschland eine Vielfalt von Städten und Stadtregionen, von denen die einen eine starke internationale oder mindestens großräumige Ausstrahlung haben, andere über bedeutende große bis mittelgroße Kernstädte verfügen. Hinzu kommen größere Mittelstädte als Regionalzentren, kleinere Mittelstädte in vorwiegend ländlich geprägten Regionen und schließlich kleinere Versorgungszentren in ländlichen Räumen. Dieses städtische Siedlungssystem und das bisher vielfältig geknüpfte Netz ist starken Veränderungen ausgesetzt: Konzentrationstendenzen führen zu Polarisierungen, regionaler Verarmung und Monostruktu-

---

* Quelle: Bundesministerium für Raumordnung, Bauwesen und Städtebau (Hrsg.), Raumordnung in Deutschland, Bonn 1996, S. 16-19 (Auszug)

Städtenetze – Raumordnungspolitisches Handlungsinstrument mit Zukunft?
hrsg. im Auftrag des Deutschen Verbandes für Angewandte Geographie
von Rainer Danielzyk und Axel Priebs
in Material zur Angewandten Geographie (MAG), Band 32, Bonn 1996

Anhang

ren. Der an sich gewünschte Wettbewerb artet in zum Teil ruinöse Konkurrenz aus und beeinträchtigt die Wettbewerbsfähigkeit der Regionen insgesamt. Die mangelnde Kooperationsbereitschaft schwächt die möglichen Potentiale; Synergie-Effekte werden nicht nutzbar. Denn die Städtenetze sollen zu kooperierenden Standorten führen: Was die einzelne Stadt nicht zu leisten mag, läßt sich im Verbund mit anderen bieten.

Das Ziel

Der bewußte Ausbau städtischer Netze ist eine Antwort der Raumordnung auf die zunehmenden Probleme einzelner Städte, die nur noch im Verbund mit dem benachbarten Umland zu lösen sind. Interkommunale und regionale Zusammenarbeit ist unter anderem im Verkehrsbereich und im "Flächenmanagement" notwendig. Dabei geht es vor allem um die gemeinsame Bewirtschaftung der immer knapper werdenden Flächenreserven.

Städtenetze bieten auf freiwilliger Basis ein neues, umsetzungs- und problemorientiertes Instrumentarium der Raumordnung, das das bestehende System der zentralen Orte ergänzt. Diese Städtenetze funktionieren aber nur, wenn sie auf kommunaler Ebene akzeptiert sind und von der Bereitschaft zum Miteinander getragen werden. Der Kooperationsgedanke, die freiwillige Partnerschaft für einen gemeinsamen Nutzen, steht dabei im Mittelpunkt. Die Vernetzung von Städten hat zwei wesentliche Aufgaben:

- Sicherung der Konkurrenzfähigkeit des Standorts Deutschland und seiner Regionen, etwa durch Schaffung leistungsfähiger Gegengewichte zu den großen Metropolen der Europäischen Union.
- Gewährleistung der Funktionsfähigkeit im Innern, zum Beispiel Arbeitsteilung bei der Bereitstellung raumbedeutsamer Infrastruktur oder Abstimmung bei der Bereitstellung von Bauland, fürs Gewerbe ebenso wie fürs private Wohnen.

Der Ausbau städtischer und regionaler Vernetzung soll aus raumordnerischer Sicht zu einer Stärkung der dezentralen Siedlungsstruktur in Deutschland beitragen: Das bewährte Zentrale-Orte-System wird dabei nicht in Frage gestellt, sondern durch die interkommunale Zusammenarbeit erweitert und damit flexibler und stärker auf Umsetzung ausgestaltet.

Der Weg

Entsprechend des Leitbilds der dezentralen Konzentration soll die Siedlungstätigkeit so gesteuert und verteilt werden, daß einerseits ungesunde Ballungen vermieden werden und andererseits die Menschen in ihrem unmittelbaren Umfeld nicht nur wohnen, sondern auch arbeiten und ihre Freizeit verbringen können, statt ständig weite Strecken mit dem Auto fahren zu müssen, beispielsweise zwischen der Wohnung und dem Arbeitsplatz.

Angestrebt wird eine Siedlungsentwicklung, die sich vorzugsweise auf Städte konzentriert, die ohne größere Eingriffe in Natur und Landschaft einen Zuwachs an Einwohnern vertragen, freie oder leicht erweiterbare Kapazitäten in der Infrastruktur haben und in denen die Funktionen Wohnen und Arbeiten ausgewogen gemischt sind, so daß möglichst wenig zusätzlicher Pendelverkehr entsteht. Erreichbar sind diese Ziele der Siedlungsentwicklung in der engen Zusammenarbeit mehrerer "vernetzter" Städte. Diese Städtenetze können gemeinsame Verkehrsverbünde tragen, Wasser- und Abwasserverbände betreiben sowie gemeinsame Informations- und Kulturangebote schaffen.

Während städtische Vernetzung in den stärker verdichteten Räumen, insbesondere in den großen Ballungszentren, vor allem als Entlastungsstrategie angesehen werden kann, stellt sich in eher ländlich geprägten Räumen eine Strategie der Stabilisierung und Entwicklung dar. Das Konzept der Städtenetze ist deshalb keineswegs als isolierte "Stadtpolitik" mißzuverstehen – als dynamisch angelegte Strategie betont das Konzept vielmehr den Zusammenhang zwischen Stadt und Region und ist deshalb weitgehend unabhängig vom Verdichtungsgrad der jeweiligen Region.

Die vernetzten Städte und ihre gemeinsame Entwicklung haben weitreichende Konsequenzen: Sie können die dezentrale Siedlungsstruktur in Deutschland stärken, und zwar so, daß der Gesamtaufwand an Geld geringer und zugleich die Umwelt stärker geschont wird, als wenn jede Stadt für sich allein arbeitet. Je mehr dieser überörtlichen Kooperationen entstehen und je stärker ihre gegenseitigen Beziehungen werden, desto bedeutender sind sie im positiven Sinn für die Siedlungspolitik. Im Forschungsfeld "Städtenetze" des Experimentellen Wohnungs- und Städtebaus, einem Forschungsprogramm des Bundesministeriums für Raumordnung, Bauwesen und Städtebau, soll die Leitidee "Städtenetze" konkretisiert und so ausformuliert werden, daß sie in der alltäglichen Arbneit von vielen Städten umgesetzt werden kann. Das zentrale Interesse gilt der Frage, wie eine freiwillige und dauerhafte Zusammenarbeit – etwa in den Bereichen einer gemeinsamen Siedlungsflächenplanung, des Infrastrukturausbaus oder der gemeinsamen Nutzung kultureller Einrichtungen – gestärkt und gefördert werden kann.

Obwohl starke Verflechtungen sozialer, ökonomischer, infrastruktureller Art in einer Vielzahl von Regionen und einer großen Zahl von Städten untereinander bestehen, ist eine enge Zusammenarbeit zwischen Gemeinden, mit dem Ziel der Abstimmung gemeinsamer Planungen und Nutzungen von gemeinsamen Einrichtungen, bisher eher die Ausnahme.

Es zeigt sich aber, daß die Notwendigkeit, aber auch die Bereitschaft für eine intensivere zwischengemeindliche Zusammenarbeit steigt. Derzeit werden in einer Reihe von Modellprojekten die verschiedenen Formen und Möglichkeiten von Städtenetzen erprobt.

...

Raumordnungspolitischer Orientierungsrahmen*

Der Raumordnungspolitische Orientierungsrahmen stellt das neue räumliche Leitbild und die Strategie für Gesamtdeutschland – unter Einschluß der europäischen Bezüge – dar, hebt jedoch die besondere Situation und den hohen Nachholbedarf in den neuen Ländern ausdrücklich hervor. Mit ihm sollen
- die Gleichwertigkeit der Lebensverhältnisse in den Teilräumen des Bundesgebietes – insbesondere in den neuen Ländern – gefördert,
- die grundlegend veränderte Situation Europas (Vollendung des Binnenmarktes/ Öffnung Osteuropas) in ein räumliches Leitbild integriert,
- die dezentrale Raum- und Siedlungsstruktur gesichert und ausgebaut,
- die natürlichen Lebensgrundlagen geschützt

werden.

Der Raumordnungspolitische Orientierungsrahmen richtet sich an die Entscheidungsträger in Bund und Ländern einschließlich der Gemeinden/Gemeindeverbände, die mit ihren Planungen und Maßnahmen die räumliche Entwicklung maßgeblich beeinflussen. Gleichzeitig wendet er sich an den privaten Sektor, damit dieser rechtzeitig Orientierungshilfen für künftige Investitionsentscheidungen erhält. Hervorzuheben ist ausdrücklich:

- Der Raumordnungspolitische Orientierungsrahmen greift vor dem Hintergrund der dramatisch veränderten räumlichen Rahmenbedingungen die im Raumordnungsgesetz des Bundes verankerten Ziele und Grundsätze dynamisch auf.

---

* Quelle: Bundesministerium für Raumordnung, Bauwesen und Städtebau (Hrsg.), Raumordnung in Deutschland, Bonn 1996, S. 61, 62–63 (Auszug)
Der vom Bundesministerium für Raumordnung, Bauwesen und Städtebau erarbeitete Raumordnungspolitische Orientierungsrahmen, an dem die Länder im Rahmen der Ministerkonferenz für Raumordnung (MKRO) mitgewirkt haben, wurde von der MKRO in ihrer 21. Sitzung am 27. November 1992 zustimmend zur Kenntnis genommen.

Anhang

- Der Raumordnungspolitische Orientierungsrahmen ist dem Prinzip der Subsidiarität verpflichtet. Entsprechend der Verfassungs- und Gesetzeslage stellt er die vbestehende Zuständigkeitsverteilung von Bund und Ländern nicht in Frage.
- Die Leitbilder des Raumordnungspolitischen Orientierungsrahmens stellen Grundmuster und Prinzipien der Orientierung für eine angestrebte Raumstruktur dar. Sie enthalten dementsprechend keine planerischen Festlegungen. Dies gilt im besonderen Maße für den Kartenteil, der insoweit der Veranschaulichung der textlichen Aussagen dient. Er bedarf einer regelmäßigen Fortschreibung und Aktualisierung.
- Die jeweiligen landesplanerischen Festlegungen, beispielsweise die Regionseinteilung sowie das System der Zentralen Orte, bilden auch weiterhin die verbindliche Grundlage zur Weiterentwicklung der Raum- und Siedlungsstruktur.

Der Raumordnungspolitische Orientierungsrahmen kennzeichnet die künftige Raumstruktur an Hand der folgenden fünf Leitbilder:
- Leitbild Siedlungsstruktur
- Leitbild Umwelt und Raumnutzung
- Leitbild Verkehr
- Leitbild Europa
- Leitbild Ordnung und Entwicklung

...

Städtenetze: Synergieeffekte nutzen und ausbauen

Der Ausbau der städtischen Vernetzungen gewinnt in der neueren raumordnerischen Diskussion - auch im europäischen Maßstab - an Bedeutung: Verdichtungsräume/ "Stadtregionen" stehen in einem zunehmenden Leistungsaustausch und spezialisieren sich in ihren Funktionen mit dem Vorteil gegenseitiger Verstärkung von ökonomischen und infrastrukturellen Effekten (sog. Synergieeffekte).

Hervorzuheben ist, daß Städtenetze nicht mit Zersiedlung und Landschaftszerstörung ("Siedlungsbrei") gleichzusetzen sind, sondern im Gegenteil in der Regel - etwa durch Grünzüge und in einem abgestuften System der Zentralen Orte - gegliedert sind. Der weitere Ausbau der städtischen Vernetzung ist wünschenswert, da
- städtische Kooperationen begünstigt werden,
- Stadtregionen ihre Standortvorteile am besten entfalten können,
- es zu einer besseren Nutzung der großräumigen Infrastruktur kommt,
- zusätzliche Entwicklungsimpulse über die engeren Regionalgrenzen hinaus gegeben werden.

Auch in den neuen Ländern sind solche Strukturen erkennbar, obwohl infolge ausgeprägter Monostrukturen die räumlichen und funktionalen Vernetzungen zurückgeblieben sind. Hier kann jedoch an historische Traditionen, besonders in den mitteldeutschen Regionen, angeknüpft werden. Dem Aufbau der Städtenetze kommt eine grundlegende Bedeutung für die gesamte Raumstruktur der neuen Länder zu. Dabei wird das 1991 vom Bundesministerium für Raumordnung, Bauwesen und Städtebau vorgelegte Raumordnerische Konzept für den Aufbau in den neuen Ländern mit der Konzentration der wirtschaftlichen Aktivitäten auf 12 sogenannte Entwicklungsregionen differenziert und weiterentwickelt.

Unter diesen Aspekten sind vor allem folgende Städtenetze in den neuen Ländern sowie zum Teil als "Verbnindungsnetze" zwischen alten und neuen Ländern entwicklungsfähig:

- Hansa-Städtenetz (Bremen, Hamburg, Kiel, Lübeck, Schwerin, Wismar, Rostock, Stralsund, Greifswald und weiter in Richtung Stettin);
- Städtenetz Hannover, Braunschweig, Magdeburg, Brandenburg, Potsdam, Berlin, Frankfurt/Oder;
- Städtenetz Brandenburg/Großraum Berlin (sog. "Dritter Ring");
- Städtenetz Halle/Leipzig/Dessau;
- Städtenetz Dresden/Oberes Elbtal, Chemnitz, Zwickau und weiter in Richtung Plauen und Hof bzw. in Richtung
- Thüringisches Städtenetz (Gera, Jena, Weimar, Erfurt, Eisenach mit Anschluß an Bad Hersfeld, Fulda und Kassel).

Der Ausbau dieser Städtenetze erfordert es, die höherwertige Infrastruktur sowie städtebauliche Erschließungs- und Entwicklungsmaßnahmen vorrangig zu bündeln und auch durch zügige Planungsvorbereitungen zeitlich vorzuziehen. Abgestützt werden diese Städtenetze durch das differenzierte System der Zentralen Orte, das in den Landesentwicklungsplänen und -programmen der neuen Länder bereits entwickelt worden ist.

...

Raumordnungspolitischer Handlungsrahmen*

Städtenetze: Beschluß

Die Ministerkonferenz für Raumordnung sieht in Städtenetzen einen wichtigen Beitrag zur Sicherung der Konkurrenzfähigkeit des Standorts Deutschland und seiner Regionen sowie zur Stärkung der dezentralen Raum- und Siedlungsstruktur in Deutschland. Städtenetze tragen wesentlich zur Umsetzung raumordnerischer Ziele bei. Die Schlüsselfunktion kommt dabei den Kommunen und der zwischengemeindlichen Zusammenarbeit zu: Angesichts der wachsenden räumlichen Verflechtungen und der angespannten Lage der öffentlichen Haushalte sind interkommunale Kooperationen auch unter dem Aspekt der Kostenreduktion und Effizienzsteigerung sowie eines verbesserten Ressourcenschutzes anzustreben.

Die MKRO betont die nach wie vor tragende Rolle der Regionalplanung und des Zentrale-Orte-Systems. Zur Bewältigung der anstehenden Aufgaben sieht sie jedoch ergänzend dazu eine flexiblere und umsetzungsorientierte Vorgehensweise als erforderlich an. Der Aufbau der Städtenetze stellt ein solches dynamisches Element dar.

Die MKRO unterstützt nachdrücklich den weiteren Ausbau städtischer und regionaler Vernetzungen. Sie sieht in dem eingeschlagenen Weg, Städtenetze durch Modellvorhaben des Experimentellen Wohnungs- und Städtebaus zu erproben, einen wichtigen Schritt zu einer handlungsorientierten, praxisnahen Umsetzung. Die MKRO erwartet von den Modellvorhaben Erkenntnisse über organisatorische, rechtliche und finanzielle Rahmenbedingungen und Erfordernisse städtischer und regionaler Vernetzung. Die MKRO betont die Notwendigkeit, über die regionalen Städtenetze hinaus

---

* Quelle: Bundesministerium für Raumordnung, Bauwesen und Städtebau (Hrsg.), Raumordnung in Deutschland, Bonn 1996, S. 81-83 (Auszug)
Beschluß der Ministerkonferenz für Raumordnung (MKRO) vom 8. März 1995.

Anhang

verstärkt grenzüberschreitende Vernetzungen sowie Sätdtenetze im europäischen Maßstab in den Blick zu nehmen.

Die MKRO erwartet, daß das Forschungsfeld Städtenetze weiter ausgebaut wird, damit der Kreis der Modellvorhaben erweitert werden kann.

Städtenetze: Begründung

Ausgangssituation und Zielsetzung

Der Schwerpunkt "Städtnetze" stellt eine Antwort der Raumordnung auf die zunehmende Notwendigkeit zu interkommunaler und regionaler Zusammenarbeit dar. Städtenetze bieten ein neues, umsetzungs- und problemorientierets Instrumentarium der Raumordnung, das in Ergänzung des bestehenden raumordnerischen Systems zu sehen ist. Städtenetze sind keine neue Planungsebene, sondern auf der Grundlage des bewährten Zentrale-Orte-Systems ein dynamisches Instrument zur Bewältigung neuer raumwirksamer Problemstellungen. Die Freiwilligkeit der Zusammenarbeit in Städtenetzen ist dabei das ausschlaggebende Charakteristikum, die Akzeptanz auf kommunaler Ebene unabdingbar. Eine Ergänzung des bisherigen raumordnerischen Instrumentariums ist erforderlich, um flexibler und umsetzungsorientiert auf die aktuellen kommunalpolitischen wie auch landesplanerisch-raumordnerischen Aufgaben reagieren zu können: die erhöhte Standortkonkurrenz erzwingt ebenso wie bestimmte Sachzwänge - etwa im Verkehrsbereich und im Flächenmanagement - überkommunale Handlungsansätze. In besonderem Maße gilt dies für den öffentlichen Personennahverkehr, der künftig verstärkt auf einen regionalen Maßstab ausgerichtet sein wird und ein wichtiges Grundelement städtischer Vernetzung darstellt.

Diese Aufgaben sind allein im Rahmen der Zuständigkeit einer einzelnen Kommune nicht mehr zu bearbeiten. Der "Wettbewerb der Regionen" im europäischen Binnenmarkt erfordert vielmehr die Ausbildung differenzierter Standortqualitäten, die wiederum nur durch verstärkte innerregionale Zusammenarbeit möglich ist.

Die Vernetzung von Städten hat zwei wesentliche Aufgaben:

- Sicherung der Konkurrenzfähuigkeit des Standorts Deutschland und seiner Regionen, etwa durch Schaffung leistungsfähiger Gegengewichte zu den großen Metropolen der Europäischen Union, sowie
- Gewährleistung der Funktionsfähigkeit im Innern, z.B. Arbeitsteilung bei der Bereitstellung raumbedeutsamer Infrastruktur oder Abstimmung bei der Bereitstellung von Bauland.

Der Ausbau städtischer und regionaler Vernetzung soll aus raumordnerischer Sicht zudem zu einer Stärkung der dezentralen Siedlungsstruktur in Deutschland beitragen: Das bewährte Zentrale-Orte-System wird dabei nicht in Frage gestellt, sondern durch Erweiterung der Möglichkeiten zu interkommunaler Zusammenarbeit flexibler und stärker auf Umsetzung ausgestaltet.

Anhang

Das raumordnerische Interesse an städtischer und regionaler Vernetzung besteht zusammenfassend darin, durch verbesserte und intensivierte interkommunale Abstimmung regionale Entwicklungsprozesse in Gang zu setzen bzw. zu unterstützen. Das Gegenstromprinzip als zentrales raumordnerisches Prinzip erfährt hierdurch einen erheblichen Bedeutungsgewinn: Vernetzung wird nur dann erfolgreich sein können, wenn sie "von unten", von den Kommunen getragen und zugleich in landesplanerische Vorstellungen eingepaßt und von den Ländern unterstützt wird. Städtenetze tragen insoweit zu einer Neubildung und positiven Entwicklung des Verhältnisses zwischen Kommunen und Raumordnung bei.

Leitfragen und Prüfbereiche

Der Schwerpunkt "Städtenetze" soll insbesondere Aufschlüsse geben zu Inhalt und Wirkungen, Verfahren und Akteuren. Hierbei geht es zum Voraussetzungen und Motiven für den Aufbau von Städtenetzen, geeignete Maßnahmen und Handlungsbereiche sowie die Frage, wie die Auswirkungen auf das bestehende System der Raumordnung zu bewerten sind. Zu prüfen ist, welche Kooperationsstrukturen besonders geeignet sind und wie sich eine Gleichberechtigung der Netzpartner herstellen und dauerhaft absichern läßt. Damit einher geht die Prüfung, wie ein Interessenausgleich zwischen den Netzpartnern zu erreichen ist und welcher Beteiligtenkreis erforderlich ist.

Aus diesen Leitfragen resultieren verschiedene Prüfbereiche:

- In rechtlicher Hinsicht geht es zunächst um die Überprüfung und gegebenenfalls Änderung/Ergänzung von Bestimmungen, Verordnungen, Gesetzen, Förderrichtlinien usw. für die kommunale Ebene, um die Einrichtung von Städtenetzen zu fördern. Mittelfristig geht es um die Prüfung der Frage, ob die Kooperationsform der Städtenetze als raumordnerisches Instrument im ROG und den Landesplanungsgesetzen verankert werden soll.

- In finanzieller Hinsicht geht es um die Überprüfung und gegebenfalls Anpassung/Veränderung von Regelungen in den verschiedenen Förderprogrammen und in den kommunalen Finanzausgleichsgesetzen. Insbesondere geht es um die Frage eines regionalen Vorteils- und Lastenausgleichs sowie um die Möglichkeiten, (finanzielle) Anreize für städtische und regionale Vernetzung zu schaffen.

Eingeleitete Maßnahmen

Ein wichtiges Element des Schwerpunktes Städtenetze stellt das neu eingerichtete Forschungsfeld "Städtenetze" des Experimentellen Wohnungs- und Städtebaus (ExWoSt) dar, das durch die Erprobung des Konzepts in konkreten Modellregionen einen ausgeprägten Praxisbezug hat. Von den elf Städtenetzen einer engeren Vorauswahl haben sechs Modellvorhaben bereits die verbindliche Förderzusage erhalten. Diese Auswahl stellt jedoch keineswegs eine abgeschlossene Liste dar, vielmehr ist eine Erweiterung und Ergänzung um weitere Modellregionen in den folgenden Jahren beabsichtigt.

In diesen Städtenetzen im regionalen Maßstab stehen jeweils unterschiedliche Themen der Vernetzung im Vordergrund:

- Schwarzwald–Neckar–Donau–Baar–Quadrat (Baden–Württemberg)

    Beteiligt sind die Städte Villingen–Schwenningen, Schramberg, Rottweil, Tuttlingen und Donaueschingen. Ziel ist eine Vertiefung der in der Region bereits existierenden vielfältigen Verflechtungen zu einer intensiveren funktional–räumlichen Vernetzung, um die Strukturprobleme der Region überwinden zu helfen.

- Sächsisch–Bayerisches Städtenetz (Sachsen–Bayern)

    Beteiligt sind die Städte Bayreuth, Hof, Chemnitz, Plauen und Zwickau, die als Oberzentren sowohl in einem überwiegend ländlich geprägten Umfeld als auch im Verdichtungsraum liegen. Ziele sind die zukunftsgerichtete Wiederaufnahme traditionell gegebener, länderübergreifender Verflechtungsbeziehungen und der Ausbau von Kooperationsformen insbesondere im infrastrukturellen Bereich, um so regionale Entwicklungsimpulse zu bewirken.

- München–Augsburg–Ingolstadt (Bayern)

    Die sogenannte "MAI–Kooperation" zielt auf die Schaffung eines wettbewerbsfähigen Gegengewichts zu den konkurrierenden europäischen Metropolregionen. Neben dem gemeinsamen Interesse an einer verbesserten Außendarstellung sollen insbesondere die raumwirksamen Handlungsfelder Verkehr und Technologietransfer behandelt werden.

- Prignitz (Brandenburg)

    Angestrebt wird eine Vernetzung der Klein– und Landstädte sowie Amtssitze in der Planungsregion Prignitz–Oberhavel. Ziel ist der Aufbau eines Regionsverständnisses und darauf aufbauend – in Ergänzung des Zentrale–Orte–Systems – die Einführung regionaler Kooperationsformen im Sinne eines Funktions– und Leistungsaustausches.

- Lahn–Sieg–Dill (Hessen/Nordrhein–Westfalen/Rheinland–Pfalz)

    Beteiligt sind außer den Oberzentren Gießen, Marburg, Siegen und Wetzlar die Mittelzentren Betzdorf, Dillenburg, Herborn und Haiger. Ziel ist die Verbesserung der länderüberschreitenden Zusammenarbeit –– insbesondere in den Bereichen Flächenmanagement, Infrastruktur und den sogenannten weichen Standortfaktoren – und die Stärkung der Region im europäischen Kontext.

- Städtequartett Damme–Diepholz–Lohne–Vechta (Niedersachsen)

    Die vier Städte liegen im ländlich geprägten Raum, relativ entfernt von Oberzentren. Ziel ist die weitere Vertiefung der bislang schon bestehenden informellen Zusammenarbeit im Hinblick auf einen effizienteren gemeinsamen Mitteleinsatz und eine arbeitsteilige Aufgabenwahrnehmung.

Anhang

- Städtenetz EXPO 2000 (Niedersachsen)
  Beteiligt sind die Städte Hannover, Hildesheim, Celle, Hameln und Nienburg. Ziel ist die regionale Einbettung der EXPO 2000 und die Etablierung einer regionalen Zusammenarbeit auch über die EXPO hinaus.

- Grenzüberschreitendes Städtenetz ANKE (Nordrhein-Westfalen/Niederlande)
  Beteiligt sind die Städte Arnheim, Nimwegen, Kleve und Emmerich. Ziel ist die Erprobung einer verstärkten grenzüberschreitenden Kooperation mit einem Nachbarstaat in einem vergleichsweise entwicklungsstarken Raum, um so die gemeinsamen Probleme – insbesondere im Hinblick auf Strukturwandel und Verkehr – besser zu bewältigen. Besondere Bedeutung kommt nei dieser Modellregion dem grenzüberschreitenden, europäischen Kontext zu.

- Grenzüberschreitendes Städtenetz Trier-Luxemburg (Rheinland-Pfalz/Luxemburg)
  Ziel dieses Städtenetzes von Gemeinden unterschiedlicher Zentralitätsstufen ist die ressourcensparende Abstimmung und Ausnutzung des kommunalen Dienstleistungsangebots, um so die regionale Attraktivität ingesamt zu erhöhen.

- Städtenetz K.E.R.N. (Schleswig-Holstein)
  Beteiligt sind die Städte Kiel, Eckernförde, Rendsburg und Neumünster. Ziel ist es, die bislang schon in technologischer, wirtschaftlicher und kultureller Hinsicht eingeübte regionale Zusammenarbeit weiter zu vertiefen und auf zusätzliche Handlungsfelder zu erweitern. Die Zusammenarbeit soll damit auf eine dauerhafte Grundlage gestellt werden und eine tragfähige Regionalentwicklung unterstützen.

- Städtenetz SEHN – Südharz-Eichsfeld-Hainich-Netz (Thüringen)
  Beteiligt sind die Städte Nordhausen, Sondershausen, Mühlhausen und Worbis/ Leinefelde. Ziel ist die Strukturierung der regionalen Zusammenarbeit in einem überwiegend ländlich strukturierten Raum mit teilweise ausgeprägter Eigenständigkeit der Teilräume.

Mit den regionalen Städtenetzen ANKE und Trier-Luxemburg wurde der internationale Aspekt bereits in die Bearbeitung des Schwerpunktbereiches Städtenetze aufgenommen. Mittelfristig sollen darüber hinaus weitere grenzüberschreitende und internationale Städtenetze, wie z.B. Metz-Saarbrücken, berücksichtigt werden. Damit bestehen zugleich auch enge Querverbindungen zum Schwerpunkt Grenzüberschreitende Zusammenarbeit.

...

Verzeichnis der Autorinnen und Autoren

Dipl.- Ing. Dr. **Brigitte Adam**
Projektleiterin
Bundesforschungsanstalt für Landes-
kunde und Raumordnung (BfLR)

Bundesforschungsanstalt für
Landeskunde und Raumordnung
Am Michaelshof 8
53177 Bonn

Dipl.- Verw.wiss. Dr. **Ralph Baumheier**
Leiter des Referats "Raumordnung und
Landesplanung" beim Senator für Bau,
Verkehr und Stadtentwicklung der Freien
Hansestadt Bremen

Senator für Bau, Verkehr und Stadtentwicklung der Freien Hansestadt Bremen
Ansgaritorstr. 2
28195 Bremen

Dipl.-Geogr. **Burkhard Beyer**
Wissenschaftlicher Mitarbeiter
Lehrstuhl für Raumordnung im Institut
für Geographie der Technischen Universität Dresden

Institut für Geographie der TU Dresden
Mommsenstr. 13
01062 Dresden

Prof. Dr. **Klaus Brake**
Hochschullehrer
Studiengang Stadt- und Regionalplanung
der Carl von Ossietzky Universität
Oldenburg und Forschungsinstitut Regi-
on und Umwelt an der Carl von Ossietz-
ky Universität Oldenburg GmbH
(FORUM)

Forum GmbH der Carl von Ossietzky
Universität Oldenburg GmbH (FORUM)
Donnerschweer Str. 4
26123 Oldenburg

Autorenverzeichnis

Dipl.- Geogr. Rainer Danielzyk
Wissenschaftlicher Mitarbeiter
Fach Geographie der Carl von Ossietzky
Universität Oldenburg und Forschungsinstitut Region und Umwelt an der Carl
von Ossietzky Universität Oldenburg
GmbH
Sprecher der Facharbeitsgruppe Regionalentwicklung im Deutschen Verband
für Angewandte Geographie e.V.
(DVAG)

FB-3 - Geographie
Carl von Ossietzky Universität
Oldenburg
Postfach 2503
26111 Oldenburg

Dipl.- Geogr. Katrin Fahrenkrug
Geschäftsführerin des Instituts Raum
und Energie, Wedel b. Hamburg

Institut Raum und Energie
Hafenstr. 32
22880 Wedel

Dipl.-Geogr. Karin Güntner
Wissenschaftliche Mitarbeiterin
Lehrstuhl für Sozial- und Wirtschaftsgeographie, Technische Universität
Chemnitz-Zwickau

TU Chemnitz-Zwickau
Fachgebiet Geographie
09107 Chemnitz

Dipl.-Geogr. Dr. Rainer Hachmann
Geschäftsführer Convent Struktur- und
Organisationsentwicklung GmbH, Hamburg

Convent GmbH
Rütersbarg 46
22529 Hamburg

Herbert Heidemann
Stadtdirektor der Stadt Diepholz

Rathaus
Postfach 1620
49346 Diepholz

Prof. Dr. Peter Jurczek
Hochschullehrer
Lehrstuhl für Sozial- und Wirtschaftsgeographie, Technische Universität
Chemnitz-Zwickau

TU Chemnitz-Zwickau
Fachgebiet Geographie
09107 Chemnitz

Autorenverzeichnis

Prof. Dr. Jörg Maier
Hochschullehrer
Lehrstuhl für Wirtschaftsgeographie und
Regionalplanung, Universität Bayreuth

Universität Bayreuth
95440 Bayreuth

Dipl.-Geogr. Klaus Mensing
Geschäftsführer
Convent Struktur- und Organistionsentwicklung GmbH, Hamburg
Stellvertretender Vorsitzender des
Deutschen Verbandes für Angewandte
Geographie e.V. (DVAG)

Convent GmbH
Rütersbarg 46
22529 Hamburg

Prof. Dr. Bernhard Müller
Hochschullehrer
Lehrstuhl für Raumordnung im Institut
für Geographie der Technischen Universität Dresden

Institut für Geographie der TU Dresden
Mommsenstr. 13
01062 Dresden

Dipl.-Geogr. Dr. Axel Priebs
Regionalplaner
Fachbereichsleiter für Planung und
Naherholung im Kommunalverband
Großraum Hannover
Sprecher der Facharbeitsgruppe Regionalentwicklung im Deutschen Verband
für Angewandte Geographie e.V.
(DVAG)

Kommunalverband Großraum Hannover
Arnswaldtstr. 19
30159 Hannover

Dipl.-Ing. Dr. Ulrike Schneider
selbstständige Planerin
NWP Planungsgesellschaft mbH
Oldenburg

NWP Planungsgesellschaft mbH
Escherweg 1
26121 Oldenburg

Dipl.-Geogr. Bertram Vogel
Wissenschaftlicher Mitarbeiter
Lehrstuhl für Sozial- und Wirtschaftsgeographie, Technische Universität
Chemnitz-Zwickau

TU Chemnitz-Zwickau
Fachgebiet Geographie
09107 Chemnitz

Die Facharbeitsgruppe Regionalentwicklung im Deutschen Verband für Angewandte Geographie

von Rainer Danielzyk und Axel Priebs

Die Facharbeitsgruppe (FAG) Regionalentwicklung wurde Ende 1989 als eine der ersten thematisch – und nicht regional – orientierten Arbeitsgruppen im Deutschen Verband für Angewandte Geographie gegründet. Sie ist bundesweit tätig und führt in Fragen der regionalen Planung und Entwicklung engagierte Fachleute aus Praxis und Hochschule zusammen.

Neben Stellungnahmen zu aktuellen Themen der Regionalentwicklung – so beispielsweise zum Raumordnungspolitischen Orientierungsrahmen der Bundesregierung – führt die Facharbeitsgruppe entsprechend der Interessenlage ihrer Mitglieder Tagungen und Symposien durch. Bisher wurden folgende Veranstaltungen durchgeführt:

- Mai 1991 in Bochum-Wattenscheid
  Revitalisierungsstrategien in altindustrialuisierten Regionen

- Mai 1992 in Bremerhaven/Nordenham
  Strukturwandel an der Wesermündung

- Mai 1993 in Bonn-Bad Godesberg
  Der Raumordnungspolitische Orientierungsrahmen

- Oktober 1993 in Bochum (49. Deutscher Geographentag)
  Renaissance der Raumordnung in den 90er Jahren?

- September 1994 in Bochum-Wattenscheid
  Regionalisierte Entwicklungsstrategien

- September 1995 in Bayreuth (in Kooperation mit der RAG Oberfranken und der Universität Bayreuth)
  Strukturwandel und regionale Wirtschaftspolitik im Raum Oberfranken – Thüringen – Sachsen

- Oktober 1995 in Potsdam (50. Deutscher Geographentag)
  Boomtown – Speckgürtel – Märkische Weite: Chancen und Grenzen der dezentralen Konzentration im Raum Berlin/Brandenburg (Podiumsdiskussion)

- Juni 1996 in Hannover
  EXPO 2000 in Hannover – Stadt und Region als Exponat?

Sprecher der Facharbeitsgruppe Regionalentwicklung:
Dipl.-Geogr. Rainer Danielzyk, Blumenstraße 29, 26121 Oldenburg
Dr. Axel Priebs, Hastedter Osterdeich 194, 28207 Bremen

Ziel des DVAG ...

... ist die Interessenvertretung der Angewandten Geographie und somit all jener, die Geographie in der Praxis als querschnittsorientierte Anwendung und Umsetzung geographischer Erkenntnisse in Gesellschaft, Wirtschaft, Planung, Politik und Verwaltung begreifen.

Der DVAG vertritt die Interessen der Berufstätigen und Studierenden und engagiert sich dafür, die Leistungen der Angewandten Geographie als Anbieter praxisnaher Lösungsmöglichkeiten zur Vorbereitung und Umsetzung unternehmerischer und politischer Entscheidungen noch weiter in das Bewußtsein der Öffentlichkeit zu rücken.

Dadurch fördert der DVAG Bedeutung und Image der Geographie und somit der Geographinnen und Geographen.

Leistungen des DVAG ...

... sind Fachtagungen und Weiterbildungsveranstaltungen, die im Dialog mit Fachleuten und Interessenten anderer Disziplinen aktuelle Themen in Diskussionen, Vorträge und Workshops aufgreifen.

... sind in bestimmten Fachgebieten kontinuierlich tätige Facharbeitsgruppen (FAG), die Stellungnahmen erarbeiten und Fachtagungen organisieren. Die FAGs sind fachliche Anlaufstelle für Mitglieder und Interessenten.

... sind Regionale Arbeitsgruppen (RAG), die Ansprechpartner des DVAG vor Ort. In Studienfragen sind die RAGs in Kooperation mit den Geographischen Instituten Kontaktstelle für die Studierenden. Die RAGs führen in regelmäßigen Abständen Diskussionsveranstaltungen und Exkursionen durch.

... sind Publikationen, in denen Tagungs- und Diskussionsergebnisse dokumentiert werden. Nachrichten und Trends aus allen Bereichen der Angewandten Geographie erscheinen vierteljährlich im STANDORT – Zeitschrift für Angewandte Geographie.

ᓗ DVAG
DEUTSCHER VERBAND FÜR ANGEWANDTE GEOGRAPHIE

Die 1700 Mitglieder des DVAG ...

... nutzen das Netzwerk beruflicher Kontakte und Anregungen durch aktive und berufsfeldbezogene Mitarbeit in RAGs und FAGs.

... erhalten Service- und Beratungsleistungen in allen Fragen der Angewandten Geographie einschließlich Arbeitsmarkt, Studium und Praktikum.

... beziehen kostenlos den STANDORT – Zeitschrift für Angewandte Geographie und ermäßigt die Schriftenreihen Material zur Angewandten Geographie und Material zum Beruf der Geographen.

... nehmen vergünstigt an allen Veranstaltungen des DVAG–Tagungs- und Weiterbildungsprogramms teil einschließlich Geographentag und geotechnica.

... sind in allen Bereichen von Wirtschaft, Politik und Verwaltung, als Freiberufler, in Forschungsinstitutionen und Hochschulen, in Verbänden und Stiftungen tätig.

Der DVAG ...

... wurde 1950 von Walter Christaller, Paul Gauss und Emil Meynen als Verband Deutscher Berufsgeographen gegründet.

... ist Mitglied in der Deutschen Gesellschaft für Geographie e.V., in der die etwa 8.000 Mitglieder der geographischen Fachverbände und Gesellschaften Deutschlands vertreten sind.

Deutscher Verband für
Angewandte Geographie e.V. (DVAG)
Königstraße 68
53115 Bonn
☎ 0228 / 914 88 11
📠 0228 / 914 88 49

Veröffentlichungen

Veröffentlichungen des DVAG

Der Deutsche Verband für Angewandte Geographie (DVAG) dokumentiert regelmäßig die Ergebnisse seiner Tagungen in der Reihe "**Material zur Angewandten Geographie**" (MAG). In den letzten Jahren sind darin erschienen:

MAG 18 **Infrastruktur im ländlichen Raum – Analysen und Beispiele aus Franken**
hrsg. 1990 im Auftrag des DVAG von Konrad Schliephake

MAG 20 **Umweltplanung – Reparaturunternehmen oder ökologische Raumentwicklung?**
hrsg. 1991 im Auftrag des DVAG von Burghard Rauschelbach und Jan Jahns

MAG 21 **Die Vereinigten Staaten von Europa – Anspruch und Wirklichkeit**
hrsg. 1991 im Auftrag des DVAG von Arnulf Marquardt-Kuron, Thomas J. Mager und Juan-J. Carmona-Schneider

MAG 22 **Die Region Leipzig–Halle im Wandel – Chancen für die Zukunft**
hrsg. 1993 im Auftrag des DVAG von Juan-J. Carmona-Schneider und Petra Karrasch

MAG 23 **Raumbezogene Informationssysteme in der Anwendung**
hrsg. 1995 im Auftrag des DVAG von Peter Moll

MAG 24 **Umweltschonender Tourismus – Eine Entwicklungsperspektive für den ländlichen Raum**
hrsg. 1995 im Auftrag des DVAG von Peter Moll

MAG 25 **Umweltverträglichkeitsprüfung – Umweltqualitätsziele – Umweltstandards**
hrsg. 1994 im Auftrag des DVAG von Thomas J. Mager, Astrid Habener und Arnulf Marquardt-Kuron

MAG 26 **Angewandte Verkehrswissenschaften – Anwendung mit Konzept**
hrsg. 1996 im Auftrag des DVAG von Arnulf Marquardt-Kuron und Konrad Schliephake

MAG 27 **Regionale Leitbilder –**
Vermarktung oder Ressourcensicherung?
(in Vorbereitung, hrsg. von Burghard Rauschelbach)

MAG 28 **Land unter – Bedeutungswandel und**
Entwicklungsperspektiven "Ländlicher Räume"
(in Vorbereitung, hrsg. von Frank Hömme)

MAG 29 **Stadt- und Regionalmarketing –**
Irrweg oder Stein der Weisen?
hrsg. 1995 im Auftrag des DVAG von Rolf Beyer und Irene Kuron

MAG 30 **Regionalisierte Entwicklungsstrategien**
hrsg. 1995 im Auftrag des DVAG von Achim Momm, Ralf Löckener,
Rainer Danielzyk und Axel Priebs

MAG 31 **UVP und UVS als Instrumente der Umweltvorsorge**
hrsg. 1995 im Auftrag des DVAG von Werner Veltrup und
Arnulf Marquardt-Kuron

MAG 32 **Städtenetze – Raumordnungspolitisches**
Handlungsinstrument mit Zukunft?
hrsg. 1996 im Auftrag des DVAG von Rainer Danielzyk
und Axel Priebs

MAG 33 **Neue Wohnungsnot? – Neue Wohnungspolitik!**
hrsg. 1996 im Auftrag des DVAG von Katrin Schneiders,
Johannes Peuling und Jochen Haselhoff

Die Veröffentlichungen können bezogen werden in jeder guten Buchhandlung, bei der Versandbuchhandlung Sven von Loga, Postfach 940104, 51089 Köln, oder direkt beim Verlag Irene Kuron, Lessingstraße 38, 53113 Bonn.

STANDORT – Zeitschrift für Angewandte Geographie

Der STANDORT stellt aktuelle Fakten, Entwicklungen der Angewandten Geographie und verwandter Fachgebiete zur Diskussion.
Seit rund zwanzig Jahren zeigt er viermal jährlich übergreifend raumwirksame Trends auf, gibt Anregungen zur Umsetzung geographischer Fachkenntnisse und analysiert Entwicklungen des Arbeitsmarktes für Geographinnen und Geographen. Zu beziehen ist der STANDORT beim Springer-Verlag, Postfach 311340, 10643 Berlin.
Für Mitglieder des DVAG ist der Bezug des STANDORT im Mitgliederbeitrag enthalten.

Veröffentlichungen

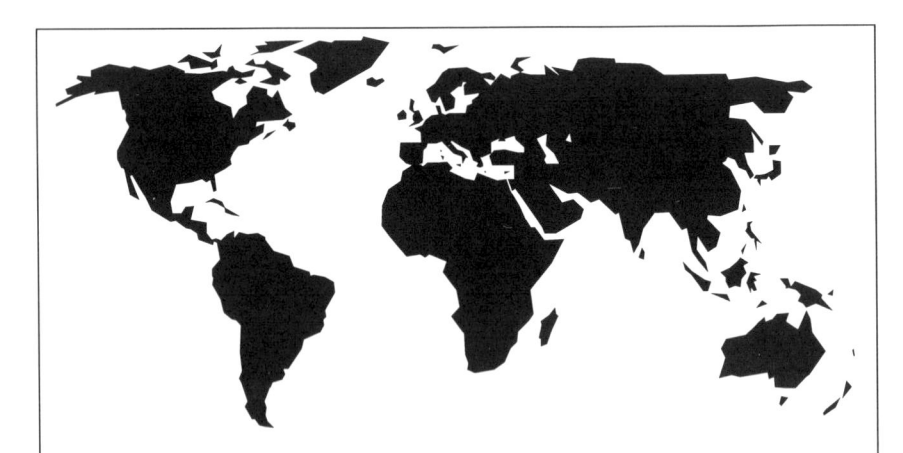

Geographen-Report

Ein Beruf im Spiegel der Presse

Arnulf Marquardt-Kuron / Thomas J. Mager (Hrsg.)

Verlag Irene Kuron
Bonn

Veröffentlichungen

Stimmen zum Geographen-Report

»Alles in Allem ist den Herausgebern bzw. Autoren ein guter Wurf gelungen.«
(Dr. Peter M. Klecker, STANDORT – Zeitschrift für Angewandte Geographie 2/94)

»Die interessante Dokumentation belegt ein Stück geographischer Basisarbeit. ...
Was die Dokumentation aber auch belegt, sind die fachinternen Defizite und Desiderate: an "großen" Themen mangelt es ebenso wie an der Rezeption von Geographie und Geographen in den überregionalen Tageszeitungen.

Hat die Geographie in der Presse wirklich nichts zu sagen über Entwicklungsländerprobleme, Bevölkerungswachstum, Umweltdegradation oder Flüchtlingsströme?
Seien wir für die Zukunft mutiger auch in dieser Hinsicht. Da wir selber davon überzeugt sind, überzeugen wir doch auch die Öffentlichkeit von unserer postulierten Leistungsfähigkeit!«
(Prof. Dr. Eckart Ehlers, Geographische Rundschau 3/95)

Der Geographen-Report: Ein Beruf im Spiegel der Presse

Der Geographen-Report gibt erstmals einen umfassenden Überblick über das Verhältnis von Geographen und Geographinnen zur schreibenden Presse bzw. deren Verhältnis zum Fach Geographie.

Ein Jahr lang wurde die deutsche Presselandschaft flächendeckend nach dem Begriff »Geographie« durchforstet. Von den rund 600 gefundenen Zeitungsausschnitten, die durch Archivmaterial ergänzt wurden, werden rund 80 ausgewählte Beispiele im Original wiedergegeben.

Das Ergebnis dieser ersten systematischen Zeitungsrecherche über das Bild der Geographie in Deutschland wird von namhaften Autoren analysiert und kommentiert.

Ergänzend dazu wird die Situation in Österreich und in der Schweiz behandelt.

Zum Schluß kommen die Autoren zu Vorschlägen für eine Image-Kampagne für die Geographie.

Von der geographischen Fachpresse wurde der Geographen-Report sehr positiv aufgenommen, wie die nebenstehend wiedergegebenen Rezensionen belegen.

Der Geographen-Report hat sich daher zum Standardwerk für all diejenigen entwickelt, die im Bereich der Öffentlichkeits- und Pressearbeit – nicht nur für die Geographie – tätig sind.

Geographen-Report – Ein Beruf im Spiegel der Presse

hrsg. von Arnulf Marquardt-Kuron und Thomas J. Mager
mit Beiträgen von Bruno Benthien, Richard Brunnengräber, Hans Elsasser, Arnulf Marquardt-Kuron, Thomas J. Mager, Wigand Ritter, Götz von Rohr, Hans Jörg Sander, Michael Sauberer, Konrad Schliephake, Volker Schmidtke, Günther Schönfelder
236 Seiten, Bonn 1993, Ladenpreis 34,– DM
Zu beziehen in jeder guten Buchhandlung oder direkt bei
Verlag Irene Kuron, Lessingstraße 38, 53113 Bonn

Veröffentlichungen

"Curiosa Geographica ist eine begrüßenswerte Sammlung zum Teil schon klassischer, ernster, humoristischer und satirischer Texte, eine Einladung zur Distanz, zum Lächeln und zu entspannendem Nachdenken über uns selbst – zur Steigerung wissenschaftlich-geographischer Bemühungen. Dieser entspannende und mit Lächeln vollzogene Abstand zum Gegenstand der größten wissenschaftlichen Liebe ist der pluralistischen Geographie mit ihren augenblicklich noch vergeblichen Consensus-Werbungen vonnöten, wie der verstopften Erde der ausbrechende Vulkan. Schmunzeln über uns selbst bringt uns weiter als methodologische Verbissenheit!" (Hanno Beck in seiner Einführung)

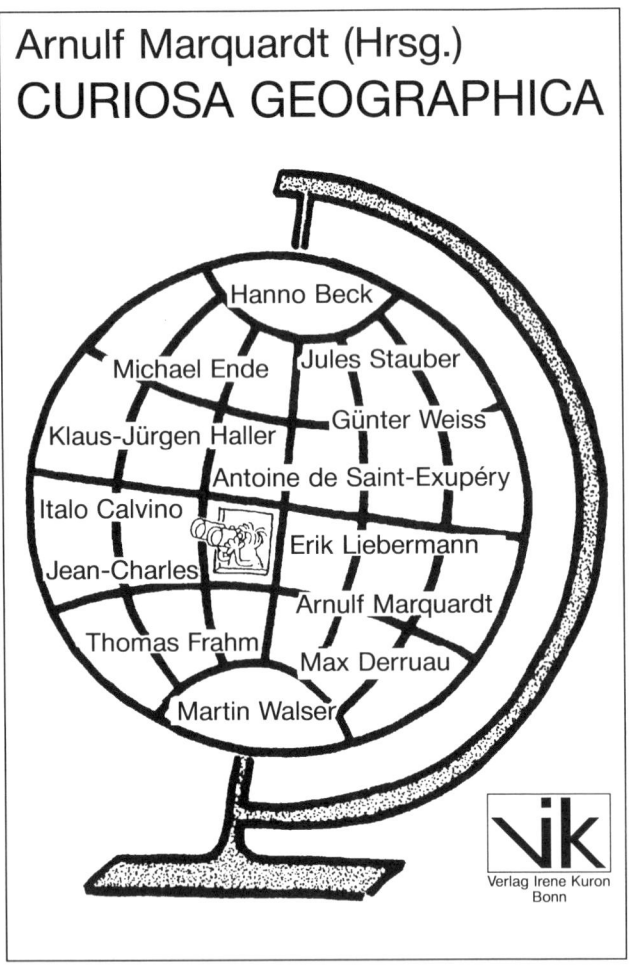

Arnulf Marquardt (Hrsg.)
CURIOSA GEOGRAPHICA

"Wer sich über Geographie amüsieren möchte, wer geographische Entspannung sucht, dem sei dieses Büchlein empfohlen." (Ambros Brucker, Geolit 1/1988)

Curiosa Geographica
hrsg. von Arnulf Marquardt
mit Beiträgen von Hanno Beck, Italo Calvino, Jean-Charles, Max Derruau,
Michael Ende, Thomas Frahm, Klaus-Jürgen Haller, Erik Liebermann,
Arnulf Marquardt, Antoine de Saint-Exupéry, Jules Stauber, Martin Walser,
Günter Weiss
90 Seiten, Bonn 1987, Ladenpreis 12,80 DM
Zu beziehen in jeder guten Buchhandlung oder direkt bei
Verlag Irene Kuron, Lessingstraße 38, 53113 Bonn